바른 경영

바른 경영

2023년 6월 30일 초판 1쇄 펴냄

지은이 민경섭
다듬은이 박장호
펴낸이 신길순
펴낸곳 도서출판 **삼인**
전화 (02) 322-1845
팩스 (02) 322-1846
이메일 saminbooks@naver.com
등록 1996.9.16 제25100-2012-000046호
주소 03716 서울시 서대문구 성산로 312 북산빌딩 1층

디자인 디자인 지폴리
인쇄 수이북스
제책 은정제책

ISBN 978-89-6436-241-9 03320
값 15,000원

바른 경영

회사,
제대로 경영해야 하지 않겠습니까?

민경섭 지음

삼인

- 우수 인재가 제조업 분야에 많이 진출해야 나라가 발전한다.
- 직장 생활을 하면서 주식 투자에 지나치게 집중하는 것은 바람직하지 않다.
- 아침형 인간이 저녁형 인간보다 성공할 가능성이 크다.
- 관리자가 되기 전, 세 가지 정도 업무를 경험해 보는 것이 좋다.
- 대기업에서 안정적으로 근무하는 것도 좋지만 중소중견기업에서 다양한 업무를 경험하며 회사와 같이 성장하는 것도, 처우는 좀 떨어질지 몰라도 나름대로 의미 있는 일이다.

대학생 때 교수들로부터 들었던 이야기다. 직장 생활을 시작한 이후로 어렵고 힘들 때마다 길잡이 역할을 해 준 금언들이다. 절대적인 진리는 아닐 테지만, 개인에 따라 환경과 상황에 따라 시의적절한 판단이 필요하겠지만, 적어도 나에게는 사회라는 망망대해를 항해하는 데 방향타가 되어 준 조언이었다.

현업 은퇴를 앞둔 이즈음, 경험에서 우러나온 조언과 정보의 중요성이 더욱 크게 다가온다. 직장 생활을 막 시작하는 이들에게 젊음의 패기와 욕구는 중요하다. 그러나 그것이 전부는 아니다. 아무리 열정적이고 똑똑하고 스펙이 좋더라도 경험자들의 조언을 받아들이려는 겸허함, 조직을 폭넓게 바라보고 배우고 이해하려는 마음가짐 등을 놓쳐서는 안 된다. 오만한 패기는 자칫 업무상의 잘못된 의사결정과 오류, 실수 등으로 이어질 수도 있다.

대학을 졸업하던 즈음, 국가경제 상황이 지금보다는 성장세였기에 큰 어려움 없이 대기업에 들어갈 수 있었다. 주택난과 취업 문제 등으로 힘들어하는 요즘 젊은 세대들을 생각하면 선배 세대로서 미안한 마음이 든다. 국민연금과 건강보험은 미래 세대의 피와 땀을 미리 빼먹는 것이라는 말에는 혼란스럽기까지 하다. 뭔가 크게 잘못되어 가고 있음이 확실해 보인다.

대기업에 공채로 입사, 계열 자회사에서 처음 맡은 업무가 자금 관리였다. 독과점 품목이라 회사 자금 사정이 매우 좋은 편이었고 그래서 개인적으로는 불행하게도 관련 업무를 더 많이 더 깊게 배울 환경이 아니었다. 고민 끝에 회사에 요청, 1년 반 만에 구매 업무에 투입되었다. 때맞춰 중동에서 걸프전이 발발했다. 석유화학

업종 회사였는데 화학 관련 원부재료 가격이 천정부지로 뛰었다. 가격은 둘째 치고 물량이 없었다. 대략 2년여 동안 정말 힘들게 구매 업무를 수행했다. 고생은 심했지만 그래서 개인적으로는 다행스럽게도 다양한 관련 업무를 많이 깊이 배울 수 있었다.

오랜 기간 몸담았던 구매 업무를 끝마치고는 경영관리 업무를 맡았다. 나름 적성에 맞았고, 그래서 이를 주특기 업무로 발전시켰다. 이후로 보고 듣고 느끼는 것이 많아지면서 회사 전반의 업무를 주도적으로 운영해 보고 싶은 욕구가 생겼다. 마침 지방의 중견기업에서 일할 수 있는 기회가 찾아왔다. 그런데 멀쩡한 대기업 때려치우고 지방의 작은 회사로 이직한다는 이야기에 주변 사람 대부분이 반대했다. 특히 부모님의 반대가 대단하셨다. 33년 직장 생활의 일대 전환점을 맞는 순간이었다.

정부 정책에 힘입어 단숨에 두 배 이상 성장세를 기록한, 지인과 연관된 지방 중견기업이었다. 더 다양한 업무를 수행할 수 있을 것 같았다. 내 손을 거친 일이 회사 안에서 제대로 작동되는지, 내 능력이 어디까지인지 제대로 검증할 수 있을 것 같았다. 결과적으로 예상은 틀리지 않았다. 아직 체계가 완벽하게 갖춰지지 않은 지방 중견기업에서 할 수 있는 일, 해야 할 일은 실로 무궁무진했다. 회사 규정이라고는 취업 규칙 등 꼭 필요한 것 외에 세세한 업무 기준과 지침, 프로세스 등은 전무했다.

이직 후 한동안, 전 분야에 걸쳐 필요한 규정과 업무 처리 기준을 수립했다. 나아가 전 사무직원에게 2개월간 시간대별 일일 업무 일지를 기록하도록 했다. 이어 한 사람 한 사람 개별 면담을 통해 업무 내용과 프로세스를 수정·보완 및 개선했다. 이를 통해 전체 업무의 프로세스 맵과 매뉴얼을 작성해 냈다. 그 결과물로 집약된 것이 규정 두 권, 프로세스 맵과 매뉴얼 세 권이었다. 이를 각 부서에 배포하여 업무에 기준으로 삼도록 했다. 이로써 중견기업으로는 일찍이, 1998년도에 중견기업용 ERP를 도입했다. 10개월여에 걸친 장기 프로젝트였다.

1998년이라면 전년도 말에 시작된 IMF 금융위기로 한참 힘든 시기였다. 그러나 기왕 준비해 온 일을 힘들다고 중간에 멈출 수는 없었다. 미래를 위해 전산화를 해야 한다고 오너를 강력하게 설득했다. 덕분에 회사는 크게 성장했다. 이후 이익도 많이 냈다. 무엇보다도 확실한 업무 체계가 만들어졌다. 그러나 이후에 오너 사장이 주식에 큰 관심을 가지면서 업무와 멀어지고, 그만큼 회사 경영에 여러 어려움이 발생했다. 안타까운 일이었다.

난관 앞에 멈춰 서서, 공부라도 해야겠다고 마음먹었다. MBA (Master of Business Administration: 전문경영인을 양성하기 위한 경영학 석사과정)에 지원했다. 그리하여 지방으로 내려갈 때 세웠던 5년 계획보다 많이 길어진 9년여 만에 다시 서울로 올라왔다. 이때 임원으로 승진했으니 만 37세 무렵이었다. 이후 줄곧 임원으로, 33년 직장 생활 중에 22년을 임원으로 근무했다.

서울로 올라와서는 목재 전문 중견기업에서 새롭게 일을 시작했다. 나무와 화학제품을 원재료로 생활용 가구 소재를 생산하고 판매하는 업체였다. 15년 넘게 근무하며 매출 규모 2,000억 원대에서 1조 원이 넘는 회사로 성장·발전하는 데 중추적인 역할을 했다. 무엇보다 보람 있는 것은 이곳에서도 버전 2.0으로의 변화와 혁신을 주도했다는 점이다.

인사 업무를 시작으로 경영·기획, 혁신, 주력 회사 대표이사, IT, 베트남 사업 등등 다양한 업무를 수행했다. 우수 인재 육성 프로그램을 처음으로 가동하여 많은 간부와 임원을 육성했다. 돌아보면 직장인으로서 가장 뜨거운 열정을 쏟아부은 시기였다. 그만큼 큰 성과와 보람을 맛본 시기이기도 했다.

이후 경영 악화 상태가 길어지고 업계 장기 불황이 시작되어 어려움을 겪는 한 동종업체로부터 회사를 정상화시켜 달라는 부탁을 받고 덜컥 경영을 맡았다. 그러고는 핵심 기술 도입과 인재 영입으로 위기를 극복, 1년 만에 상황을 크게 바꾸어 놓았다. 지속되는 적자 속에서 직접 경영을 맡은 뒤 4개월 만에 최대 생산과 최대 판매를 동시 달성하면서 흑자로 전환시킨 것이다. 회사 전체적으로는 89억 원의 적자에서 다음 해 79억 원의 이익 실현으로 바뀌었고, 직접 맡은 부문에서만 49억 원의 이익을 실현하여 경영 정상화를 주도했다. 나아가 인적 쇄신과 업무 시스템 재구축으로 장기 이익 창출의 기반을 또한 마련했다.

　대기업부터 중견기업까지 다양한 제품을 생산·판매하는 업체 네 곳에서 평직원보다는 임원으로서의 역할을 더 오래 수행했다. 이를 통해 일상적 업무뿐 아니라 경영 부분에 소중한 경험을 쌓을 수 있었다. 다양한 업무 속에서 오너는 물론 많은 경영진과 긴밀한 관계를 유지하면서 느낀 부분이 적지 않았다. 언젠가 이를 정리해야겠다고 늘 생각했다. 누군가에게 소중한 조언과 간접 체험의 기회가 되기를 바라면서 말이다.

　기업의 흥망사에서 절대적으로 중요한 것은 오너의 역할이다. 대부분의 실패와 손실이 오너로부터 기인한다.

　의도치는 않았지만 잘못된 오너의 의사결정 탓에 회사가 어려움에 빠지는 경우는 생각보다 적지 않다. 오너가 야기하는 조직의 위기는 대체로 회사 외적인 부분에서 시작되곤 한다. 지인이나 친구의 꾐에 빠져 가능성 없는 곳에 투자를 한다든가, 회사 자금을 개인 용도로 유용하는 경우, 친인척을 과하게 채용한다든가, 자식들에게 소유권과 경영권을 무리하게 승계하는 경우, 잘못된 갑질로 회사를 위기에 몰아넣는 경우 등이 이에 해당한다. 임직원들의 바르지 못한 행동 역시 오너가 만든 그릇된 조직문화와 관행에서 비롯된 것들이 많다. 결국, 회사가 바르게 가야 할 방향과 오너가 바르게 가야 할 방향 사이의 상충되는 지점을 해결하는 게 관건이다.

어떻게 하면 오너가 회사를 위해 바르고 옳은 길로 가도록 안내할 수 있을까?
정관지치貞觀之治의 위징魏徵처럼 듣기 싫어하는 직언을 줄곧 하는 일이 과연 가능할까?

일반적으로 경영 개선 사례나 성공 스토리를 보면 그 상황과 그 인물이 대단히 특별한 경우가 대부분이다. 그래서 이를 접하는 사람들이 예의 교훈을 현실 속에서 응용하기 쉽지 않다. 현실은 대단히 특별할 것이 없으니, 특별한 사례를 적용하는 데 한계가 있을 수밖에 없다. 그래서 나는 거꾸로 나의 경험치들 가운데서 잘못된 사례들, 바로잡아야 하는 부분들, 특히 오너와 경영층의 잘못으로 위기가 초래된 경우들을 주력으로 이야기하고자 한다. 오너와 임직원의 인성 문제, 경영과 업무상의 윤리 문제, 조직문화 문제 등 분야별 사례에 대한 조언도 아끼지 않을 것이다. 바람직하지 않은 부분은 차차 고쳐 나가고 없애 나가면 된다. 조직의 발전을 막는 오류와 리스크가 회사 내부에 일상적으로 상존함을 인식하는 것이 시작이다. 이러한 오류와 리스크를 감소시키기 위해 끊임없이 노력해야 한다.

이 책에서 특히 강조한 것은 오너와 경영진의 올바른 의식과 행동에 관한 부분이다. 기업 오너와 경영자들은 타산지석의 마음으로 필자가 강조하는 사항들을 눈에 담고 마음에 새겨 주시길 바란다. 특히 중소중견기업의 오너와 경영진에 많은 도움이 될 것으로 기대한다. 일반 직원들이 상당 부분 공감할 수 있는 업무 운영의 다양한 사례들도 함께 담았다.

가장 기본적인 것이 가장 중요하다.

가장 기본적인 것이 조직의 안정과 성장·발전을 견인해 낼 초석이고 원동력이다.

기업은 언제나 새로운 것에 도전하고 새로운 사회적 가치를 창출할 수 있어야 한다. 더불어 조직 안팎의 소중한 가능성들이 알게 모르게 누수되는 현상을 끊임없이 개선하고 혁신해야 한다. 그로써 어렵게 실현된 가치가 내부에 잘 쌓여 유용하게 활용될 수 있도록 관리해야 한다.

목차

3. 운영 1
– 열심히 그러나 현명하게

4. 운영 2
– 사람은 시스템을 만들고 시스템은 사람을 만든다

1. 인성

결국은 사람 문제다

사람 됨됨이 + 태도(attitude)

뉴스 보기가 겁나는 세상이다. 어린이집 보육교사들이 어린 원생들에게 저지르는 학대와 폭력이 심심치 않게 보도된다. 입양한 아이를 학대하고 폭행해 죽음에까지 이르게 하는 비극적인 사건도 더는 낯설지 않다. 일부 중고생들은 친구를 왕따시키고 폭행을 일삼는 것으로도 모자라 성매매까지 시킨다. 운전 중에 끼어들었다고 위협적인 보복 운전에 폭행으로까지 이어지는 것은 일상다반사다. 극히 일부겠지만 인성 부족에서 야기된 폭력의 강도가 사회적으로 심해지는 것 아닌가 싶다.

인성이 문제다.

사람 됨됨이가 늘 핵심적인 문제다.

우리 사는 사회의 분위기는 그 속을 살아가는 사람들의 인성에 의해 좌우된다. 인성교육이, 어려서부터 사람을 사람답게 이끄는 일이 무엇보다 중요할 수밖에 없다.

조직 생활에서도, 조직 생활에서야말로, 실로 인성이 중요하다.

인성이 좋지 않은 사람, 사람 됨됨이가 형편없는 사람은 조직 분위기를 망치고 회사의 발전을 저해하는 요인이다. 사회에서 말하는 인성, 사람 됨됨이에는 태도(attitude)가 추가된다. 태도란 사람과 일과 상황 등을 대하는 마음가짐과 자세다. 조직 속에서 일을 하려면 기본적으로 사회생활에 문제가 없는 사람 됨됨이를 지녀야 한다. 또한 회사에서 발생하는 온갖 상황을 올바른 태도로 견지해야 한다.

능력이 부족한 사람은 교육과 개인적인 노력으로 그 부족을 어느 정도 보완할 수 있다. 그러나 인성이나 태도가 바르지 못한 사람은 경우가 다르다. 아무리 교육을 반복하고 기회를 주어도 사람은 쉽게 변하지 않는다. 회사에서 좋은 역할을 기대하기 힘들다. 약간의 성과를 낸다 하더라도 회사보다는 본인의 이익을 우선시하기 쉽다. 무엇보다 고약한 권모술수로 동료들에게 안 좋은 영향을 주고 조직 분위기를 흐트러뜨리는 등 전염병을 일으킬 수도 있다.

인성과 태도에 문제가 있는 임직원들은 소속감, 충성도, 의욕, 개선 의지 등이 없거나 적은 사람들이다. 또한 최소한의 담당 업무만 겨우 수행할 뿐 부서 간 협업이나 공통의 업무에는 관심도 없으며 어느 사안이건 임의로 대충 판단하여 처리하기 다반사다. 회사보다는 자기 개인을, 자기 개인의 이익을 우선시하는 경향이 아주 강하다.

알파벳 a를 1, d를 4, e를 5, t를 20 등으로 하여 Attitude를 각 스펠링에 해당하는 숫자들끼리 더하면 정확하게 100이 된다. 회사 생활을 하면서 갖추어야 할 여러 가지 덕목 가운데 100점짜리는 역시나 태도(attitude)다.

모든 것을 결정하는 인성과 태도

A사는 국내 생산능력이 수요 대비 부족한, 성숙기에 진입한 시장성 있는 아이템을 보유하고 있는 업체다. 더욱이 장치산업으로서 생산설비는 사용 연수가 꽤 되어서 충분히 수익을 낼 수 있는 캐시카우cash cow(지속적으로 수익을 창출하는, 즉 돈을 벌어 주는 상품이나 사업. 상품의 구매를 계속 자극할 만큼 친밀감 있고 잘 다져진 브랜드 명성을 갖고 있음) 품목을 보유했다. 그런데 이상하게도 A사는 최근 수년간 하향 수익성에 적자를 내고 있었다.

원인을 살펴보니 친환경제품 생산능력 부재, 낮은 생산성, 보수적이며 제한적인 영업활동 등 다양한 문제점이 드러났다. 개중에서도 가장 심각한 것은 인성과 태도의 문제였다. 기본적으로 업무에 열중하지 않고 잘못된 방식과 개인 편의만을 고집하는 자세가 회사 전체에 전염되어 있었던 것이다.

부족한 부분들을 보완하는 한편, 업무를 기본적이고 상식적이며 정상적인 태도로 대할 수 있도록 일하는 방식을 개선했다. 그러자 이러한 변화를 처음부터 거부하거나 변화로 인한 부담을 견디지 못하고 회사를 그만두는 인원이 여럿 나왔다.

일하는 방식을 개선하여 모든 것이 겉으로 드러나도록, 투명하게 운영되도록 했다. 모든 것이 투명해지니 오랫동안 담당자 혼자만의 것으로 감춰졌던, 회사가 떠안고 있던 위험과 손실이 적나라하게 드러나기 시작했다. 결과적으로 많은 인원이 소위 사고 치고 도망가는 현상이 자연스럽게 발생했다. 하지만 스스로 도망가듯 퇴사하면서도 그들은 자신의 잘못을 끝내 인정하지 않았다. 도리어 회사가 자신들을 마구잡이로 내쫓는다며 억울해했다. 아직도 그렇게 믿고 있을지 모른다.

한 달 사용량의 20퍼센트에 해당하는 엄청난 양의 주 원재료를, 장부 수량보다 실물 수량이 부족하게 만들어 놓고 어느 날 갑자기 경쟁사에 재취업한 사람도 있었다. 회사에 입금되어야 할 수수료를 상시적으로 횡령했던 것인데 그 금액이 얼마인지조차 알

수 없을 정도다.

나무 원재료를 파쇄하여 공정에 투입하는 생산과정에서, 나무에 박혀 있던 못이나 잡철 등이 상당량 모아지곤 했다. 이 고철 부산물을 판매해 뒷돈을 개인 통장으로 받고 일정 금액을 노동조합 위원장에게 주어 왔던 사례도 있었다. 뒷돈을 챙기느라 예의 부산물을 어처구니없이 낮은 가격으로 판매, 회사에 연간 억대의 손실을 다년간 끼쳤음이 밝혀졌다.

원가를 절감한다고 폐수를 불법 처리하다가 환경 사고가 발생, 하루아침에 회사 문을 닫을 뻔했던 경우도 있다.

KS 품질 심사에 불합격될 것이 확실시되자 시료를 바꿔치기하고는 잘 마무리되었다고 당당하게 보고했던 사례도 있다.

그런데 당사자들은 이처럼 상식을 멀리한 행동을 하고서도 하던 대로 했을 뿐이라며 억울해하기 일쑤였다. 뭘 몰라서가 아니다. 업무 체제의 결함 때문도 아니다. 결국은 일하는 사람의 인성과 태도가 문제다. 그 같은 문제들이 전염병처럼 만연하여 최악의 조직문화를 탄생시켰던 것이다. 이처럼 치명적인 병마에 시달리면 회사는 갈수록 부실해지고, 결국 도산 위기를 맞는다. 인성과 태도가 엉망인 일부 조직원 때문에 선의의 임직원과 협력 업체, 나아가 주주와 고객들이 엄청난 피해를 입는 것이다.

임직원 한 사람 한 사람의 인성과 태도가 회사의 미래를 결정한다.

결국은 회사의 인사 업무가 철저하고 완벽하게 제 기능을 발휘해야 한다.

B 과장의 위선

어느 날 점심시간에 총무과의 B 과장이 찾아왔다.

B 과장: 전무님. 식당업체에서 전무님께 인사 한번 드리고 싶다고 전화가 왔습니다.

필자: 그래요? 식당 운영에 무슨 일이 있나요?

B 과장: 아닙니다. 저번에 본사로 간 J 전무의 후임 책임자로 오신 전무님께 인사차 오겠다고 합니다.

필자: 그래요, 잘 알겠는데 특별한 이슈가 없다면 안 만나는 게 좋겠어요. 난 꼭 필요하지 않으면 거래하는 협력 업체나 납품업체를 직접 만나지 않으려 해요. 괜한 오해를 살 수도 있고.

B 과장: 전무님, 실은 업체에서 식단가를 인상해 주었으면 좋겠다고 계속 말해 왔거든요. 그 건을 말씀드리려 하는 것 같습니다.

필자: 얼마나 인상해 달라고 하던가요?

B 과장: 식자재 가격과 인건비 인상 등으로 400원은 올려야 하는데, 인상 폭이 크니 절반은 자기들이 부담하고 회사에서 나머지 절반을 부담했으면 좋겠다고 합니다.

필자: 인상액이 200원이군요. 200원이면 적지 않은 금액인데. 식단가 포함해서 식당 운영 현황을 간단하게 정리해서 메일로 보내 주세요.

B 과장: 예, 전무님.

특별한 내용이라 대화 내용을 지금도 거의 그대로 기억한다. 이날 이후로 B 과장에 대한 인식이 너무도 안 좋아졌다. 어째서 업무 관련 내용을 제대로 말하지 않고 인사차라는 표현을 썼을까? 그것이 예의 있는 화법이라고 생각했던 것일까? 단지 오랜 기간 몸에 배인 습관일까? 회사 조직에서는 전혀 필요 없는, 해서는 안 되는 둘러대기로 들렸다. 그 이면에 위선적인 그늘이 숨은 것 아닌가 의심마저 드는 언행이었다. B 과장 말만 믿고, 정말 인사만 나누는 줄 알고 별 준비 없이 업체 사장을 만났다면 어떤 일이 벌어졌을까? 단가 인상 등에 대한 이야기가 갑자기 튀어나와 황당했을 것이다. 사전 준비가 없었기에 원활한 협의나 대화가 이루어지지 않았을 것이며 상대에 대한 결례로까지 이어졌을 것이다. 상세 내용을 파악한 후에 차후에 한 번 더 만나는 등 번거로움이 발생했을 것이다.

이후로도 B 과장은 업무 관련 내용을 분명하게 전달하지 않는 오류를 자주 반복했고 회사에 바람직하지 않은 소문을 만들어 이 사람 저 사람에게 퍼뜨리면서 본인의 입지를 부각하려는 상황을 자주 만들었다.

업무 지식이나 역량에 관한 이야기가 아니다.

기본적인 인성과 태도에 문제가 있어서 한숨을 지었던 사례다.

공명심 꽉 찬 떠벌이 팀장

새로운 팀을 추가로 맡게 되었다. 직원들과 한데 모여 식사하면서 이런저런 이야기를 나누었다. 그러고는 별도로 C 팀장과 둘만 남아 업무 진행 사항과 팀 운영에 대해 상의했다. 그런데 C가 묻지도 않은 이야기를 계속 늘어놓았다. 새로 투입된 임원인 내가 선입견을 가질 수 있음에도, 팀원들에 대해 그다지 좋지 않은 이야기를 했다. 더욱 놀란 것은 전임 D 임원에 대한 이야기였다. D 임원이 나에 대해서 이런저런 험담을 했다는 등 안 좋은 내용이었다.

유쾌하지 않은 자리를 서두르듯 정리했는데 기분이 좋지 않았다. 당연히 C 팀장 인상이 좋을 리 없었다. 업무나 인간적인 면이나 좀처럼 신뢰가 가지 않았다. 그의 아첨하는 모습이나 무능한 부분만 눈에 들어왔다. 실제로 C 팀장은 오너만을 상사로 생각하는 듯한 말과 행동을 많이 했으며 이러한 부분을 다른 직원들에게 무척 자랑스럽게 떠벌리곤 했다. 아니나 다를까 나와 헤어진 뒤에는 나에게 전임 임원의 흉을 본 것처럼 후임자 등에게 나에 대한 이야기를 안 좋게 떠벌렸다. 팀원들을 부하 직원이라고 막 대할 뿐 아니라 상사에게는 아첨만을 일삼았다.

하도 소문난 밉상이다 보니, 어느 날은 술자리에서 팀원 중 한 명에게 얻어맞은 사건도 있었다. C를 때린 직원이 담당 임원이던 나에게 곧장 찾아와 자초지종을 이야기했다. 그래서 잘잘못 따지지 말고 바로 C의 집으로 찾아가서 사과하고 둘만의 개인적인 일로 매듭지으라고 당부했다. 이후 끝까지 이 일을 비밀에 부쳤다. 당사자인 C에게도 일절 아는 내색을 하지 않았다.

업무는 평균 이상으로 잘하는 편이었으나 인성과 태도 측면에서는 좋아할 수도 신뢰할 수도 없었던 대표적인 사례다.

회사에 소를 제기한 직원 - 채용 오류

안전관리자로서 회사의 안전을 책임지는 E 대리. 어느 날 노동부로부터 안전 지도 점검을 나오겠다는 통지가 왔는데, 공교롭게도 수검 일자에 E는 (휴가 기간은 아니었으나) 가족들과 휴가를 갈 계획이었다. 비행기 예약까지 마친 상태라 수검이 곤란하다는 입장을 밝혀 왔다. 회사에는 안전 업무 담당자가 E뿐이고 다른 직원이 대신 수검을 받을 수 없으니 휴가를 연기하면 어떻겠냐고 부탁했다. 하지만 E는 여행 일정을 취소할 수 없다며 예정대로 휴가를 떠났다. 회사로서는 매우 어렵고 힘들게 수검을 받을 수밖에 없었다.

수검 결과는 당연히 좋지 않았다. 여러 가지 미비점에 대한 지적과 더불어 과태료 부과 사항까지 나왔다. 회사 인사부는 수검을 앞두고 대체 인력이 없음에도 끝내 휴가를 떠났던 점, 많은 미비점에 대한 지적 사항과 과태료 부과 등을 감안하여 안전관리 업무 전반에 걸친 내부 조사를 했다. 그 결과 E에게 더 이상 안전관리 업무를 맡길 수 없다는 결론이 내려졌다. 사직을 권고받은 E는 불같이 반발했다. 개인과 회사가 비상식적인 대우와 협박을 했다며 불평을 늘어놓다가 결국은 퇴사했다.

얼마 지나지 않아 E는 회사에 소송을 제기했다. 그간 근무하면서 자신이 담당한 업무에 대한 회사의 관심과 처리가 늘 미흡했는데 특히 불법 상태로 방치 또는 운영되는 사항들의 개선을 건의했으나 회사가 받아들이지 않았으며, 자신에게 불법적인 일들을 시행하도록 강요했다는 것이다. 그뿐만 아니라 비밀 · 보안 관리 철저를 강요해서 그로 인한 죄의식과 스트레스 등 정신적 피해를 입었다는 것이다. 이에 더해 부당 해고에 따른 정신적·금전적 피해 사항까지 수억 원을 청구했다.

황당하기 그지없었다. 회사가 미흡한 부분이나 불법적인 요소들을 시정하고 개선해야 함은 당연한 일이다. 그러나 그 오래된 사안들을 일시에 해결할 수 없다는 것은 본인도 잘 알고 있었다. 더욱이 근무 중에 자신이 담당하여 처리한 부분이 상당함에도 적반하장식의 소송을 제기한 것이다.

그런데 웃지 못할 반전이 있었다. 소송을 제기하던 E가 회사에 거액을 요구하는 협박을 했고, 이것이 녹취되었고, 소송을 진행하려면 먼저 협박죄에 대한 부분이 해결되어야 하는 상황이 빚어진 것이다. 결국 회사가 위로금 명목으로 3개월 급여를 지원하고, E의 업무 태만과 소송 제기 및 취하 내용 등의 사실을 외부에 알리지 않는 조건으로 소송 취하에 합의했다. 거듭 황당한 사건이었다.

사건 당사자 E는 안전관리자로서의 업무에 열심이지도 않았고, 수검을 앞두었음에도 회사보다 개인 일정을 챙기는 무책임함을 보였으며, 평소에도 수검 등에 대비해 제대로 안전을 관리하지도 않았다. 그럼에도 수년간 몸담고 있던 회사의 약점을 이용하여 거액의 소송을 제기했다. 역시나 업무 역량이나 능력, 실적 등이 아니라 근본적인 인성과 태도에 총체적인 문제가 있었다.

회사의 경우, E를 안전관리자로 채용한 실수로부터 자유로울 수 없을 것이다. 채용 오류를 범한 실수 말이다.

회사가 사람을 채용할 때 발생하는 채용 오류에는 두 가지 종류가 있다.

채용 1오류는 채용 당시 성적이 기준 미달이지만 실제로는 매우 유능한 사람을 채용하지 않은 경우다.

채용 2오류는 성적이 기준 이상이라 채용했는데 실제 근무 현장에서 제대로 성과를 내지 못하거나 잦은 사고를 치는 경우다.

채용 1오류의 결과, 회사는 채용 못 한 사람의 능력이 회사에 가져다주었을 부분에 대한 기회 손실을 볼 것이다.

채용 2오류의 결과, 회사는 조직원 한 명의 저조한 성과로 인한 손실을, 나아가 위의 사례처럼 회사에 엄청난 타격을 가져올 대내외적 손실을 입을 것이다.

사람을 새로 채용할 때, 회사는 구직자의 인성과 사람 됨됨이를 잘 파악하고 판단해야 한다. 이를 위해 평소부터 각별한 기준을 만들고 이를 활용해야 한다. 채용 1, 2오류가 발생하지 않도록 인재상을 정립하고 채용 과정을 공식 구조화하며 면접 평가 요소를 정확히 반영할 수 있도록 면접 기술을 개발해야 한다.

조직에서 사람만큼 중요한 자산은 없다.

조직에서 사람을 선별하고 채용하는 것만큼 중요한 일은 없다.

그릇된 사고방식과 태도가 회사를 망친다

회사가 정해진 법률과 규정을 잘 준수하고 있는지 확인하기 위해 관공서들은 지도 점검, 현장 실사, 단속 등 행정 활동을 수시로 벌인다. 산업안전, 소방, 환경 등의 영역에서 법규를 잘 준수하는지, 필요한 부분에 대해 적시에 인허가를 득하고 제대로 설치했는지, 유지관리가 잘되고 있는지 등이 지도 점검 대상이다. 교육 실적 자료, 매뉴얼, 관리 규정 등 서류도 이때 점검한다. 법에서 정한 설비 등이 제대로 설치되었는지, 정비는 잘되는지, 생산 현장이 제대로 운영되는지 등도 점검한다. 점검 결과 법규에 위반된 부분은 경중에 따라 고발 조치되고 책임자 또는 대표이사가 처벌을 받거나 과태료가 부과되기도 한다.

어느 날 부서장 회의 때, F 부서장으로부터 유관 기관으로부터 점검 나온다는 통지를 받았다는 이야기를 들었다. 나는 관련 부서장들에게 점검 전에 전체적으로 관련 서류를 검토·확인하고, 현장을 자세히 둘러보면서 미비한 점을 보완하도록 하고, 여타 부서장들은 최대한 업무 협조를 하라고 지시했다. 그런데 F 부서장의 대답이 놀라웠다.

"이 사람들, 말이 지도지 이것저것 다 따져 보고 돈 뜯으러 오는 거라서, 아무리 준비해도 벌금, 과태료가 안 나올 수 없어요. 그래서 예전에는 걸릴 만한 것을 미리 몇 건 골라서 던져 주고 적당한 선에서 과태료 맞고 마무리한 적도 있어요."

담당 실무 책임자 입에서 어떻게 이런 말이 스스럼없이 나올 수 있는지, 실로 놀라지 않을 수 없었다. 회사의 업무 문화가 위험한 수준이라는, 이를 정상화시켜 안정적으로 수익을 창출하는 견고한 회사로 만들기까지 갈 길이 멀다는 생각이 절로 들었다.

결국 과태료가 100만 원 넘게 부과되었다. 지적 사항도 상당히 많이 나왔다. 그런데 이 결과에 F의 평가는 의기양양했다.

"이 정도면 된 거예요. 현재 우리 상태에서는 제대로 선방한 겁니다."

F뿐만이 아니었다. 조사 결과, 관련 부서장들은 회사에서 컨설팅 수수료를 지불하고 받은 평가보고서에 380건이 넘는 항목이 지적되었음을 이미 알고 있었다. 그럼에도 지적된 사안들을 하나하나 확인하며 계획을 세우고 개선하는 대신에 그대로 처박아 두었다. 돈 들여서 컨설팅까지 받아 가며 준비한 심사에서 계속 최저 등급에 과태료까지 받았음에도 이 정도로 막은 건 선방이라며

반성할 줄을 몰랐다.

　현재의 생산 라인 상태가 좋지 않아 지적과 벌금 등이 불가피할 수는 있을 것이다. 그렇더라도 사전에 최대한 자체 점검하고 준비해서 과태료만큼은 나오지 않게 열심히 해 보겠다고 나서야 정상 아닐까.

　사례 하나. 설비 유지보수 외주공사 재하도급 업체에서 공사를 진행하던 와중에 중대재해가 발생했다. 안타까운 사고가 일어나며 회사는 회사대로 7억 원 넘는 경제적 손실을 입었다. 법적으로 명시된 교육과 확인 등 실무 사항 미비로 안전보건관리 총괄 책임자였던 나와 회사가 기소되어 법적 처벌을 받았다. 30여 년 직장 생활의 커다란 오점이었다. 자괴감으로 오랫동안 잠을 못 이루었다. 해당 안전관리자는 사건 발생 4개월 만에 안전관리에 대한 총체적 재점검과 철저한 업무 수행을 과하게 요구한다며 회사를 떠났다. 일말의 양심과 책임감도 없는 사람이었다.

　사례 둘. KS 불시 점검을 받았는데 기준에 미달되어 해당 제품의 생산 및 판매가 중단되고 2개월 만에 재심사를 받게 된 어느 업체의 경우다. 재심사 날, 현장에서 채취한 시료 테스트에서 데이터 하나가 기준치 안에 못 들어갔다. 이때 심사위원이 융통성을 발휘, 기준에 맞는 것으로 유권 해석해서 데이터를 수정해 주었다. 문제는 전문 기관으로 보내어 테스트할 시료를, 미리 준비해

둔 제품 로트에서가 아니라 예상 못 한 제품 로트에서 채취했다는 것이다. 그 로트의 시료로는 KS 기준 불합격이 확실하다는 것이었다. 결국 비정상 루트를 통해 시료 샘플을 KS 합격이 확실한 것으로 바꿔치기하고 말았다. 그러고는 다행히 KS 심사가 잘 끝났다고 안도하는 분위기였다.

생산기술과 품질관리 역량이 바닥 수준인 것도 문제지만 시료 샘플을 바꿔치기하고서 잘 끝났으니 다행이라고 만족하는 부서장의 의식 수준이 한심했다. 기업윤리도 고객과의 신뢰도 모두 저버린, 사업할 자격조차 없는 이러한 회사가 우리나라에 존재한다.

두 업체의 사례를 보면 알 수 있듯, 회사를 운영하는 데 있어 자본력이나 기술력만큼 중요한 것은 인성이 곧은 직원, 태도가 바른 조직원이다. 따라서 회사는 채용 시에 인성이 곧고 태도가 바른 사람을 잘 선별해서 뽑을 수 있도록 전문적이고 체계적인 인사 시스템을 갖춰야 한다. 채용 이후에도 좋은 마음가짐, 올바른 심성과 태도를 계속 유지할 수 있도록 오너와 경영진이 솔선수범해야 한다. 더불어 관련한 교육과 홍보 프로그램을 꾸준히 진행해야 한다.

한 사람의 인성이 처음 만들어지는 시기

우리 형들은 모두 공립초등학교를 다녔는데 아버지께서 유독 나만은 사립초등학교에 넣어 주셨다. 경제적 형편이 형들 때보다 나아지기도 했지만 막내에 대한 각별한 사랑과 더불어 집 근처에 사립학교가 새롭게 문을 연 이유도 있었다. 나보다 앞서 초등학교에 다녔던 형들은 2부제 수업으로 오후에 등교하기도 했고, 학급당 학생 수가 100명이 넘어 3부제를 운영하기도 했다. 점심 식사 때 불우 학생을 위해 제공되는 옥수수빵을 얻어 와서 같이 먹었던 기억도 난다.

사립학교는 학급당 학생 수가 50명 전후였다. 학교 시설도 좋았고 스쿨버스와 교복 등 여타 공립초등학교들과는 다른 분위기였다.

2학년 때였다. 하루는 담임선생님이, 같은 동네에 사는 상기라는 친구에게 이렇게 말씀하셨다.

"교실에 화분이 없네. 화분 하나만 가져오면 좋겠다고 어머니께 말씀드리렴."

비슷한 일이 자주 있었으므로 반 아이들은 당연하다는 반응이었다. 다음 날 수업 시간, 뒷문이 열리고 나타난 이는 상기 어머니가 아니라 누나였다.

"상기네 집에서 왔는데요."

상기 누나가 우물쭈물 들고 온 화분을 놓고 나가는데, 문이 닫히자마자 선생님이 모두 들으라는 듯 이러는 것이었다.

"누가 저런 선인장 갖다달라고 했나? 흥."

놀란 내가 순간 상기를 쳐다보았다. 상기의 붉으락푸르락 어쩔 줄 몰라 하던 표정이 지금도 생생하다.

5학년 때의 일이다. 담임선생님이 유독 나를 미워한다는 생각이 들었다. 하루는 체육 시간에 체육복을 안 챙겨 왔다. 같은 상황의 아이들도 여럿 있었는데 선생님이 유독 나만을 나무라면서 한 대 때리는 것이었다. 어린 나이에 몹시도 서러웠다. 방과 후에 집에서 그 이야기를 털어놓았다. 어머니와 큰형이 그 길로 집을 나가서 담임선생님을 찾아갔다.

"아이가 체육복을 사려고 했는데 맞는 사이즈가 없다고 해서 애 좀 먹었습니다. 인사가 늦었네요. 우리 경섭이 좀 잘 부탁드립니다."

그러고는 하얀 봉투를 주고 오셨다고 한다. 그로부터 2~3일이나 지났을까. 교실에서 쪽지 시험을 보는데 담임선생님이 다가오더니 내 머리통을 쓰다듬는 것이었다.

"공부 좀 했니? 잘 푸네."

졸업을 앞둔 6학년 때는 담임선생님을 찾아오는 어머니들이 유독 많았다. 아이들 사이에서 "오늘 누구 엄마가 와서 선생님에게 돈 주고 갔으니 누구는 이번에 상 받겠네?" 하는 이야기가 공공연히 오고 갔다. 사립학교라 그랬는지 월별로 분기별로 학년별로 주는 상이 많았고, 과연 누군가의 어머니가 다녀가면 그 학생은 틀림없이 무슨 상인가를 받았다.

6학년 때 경주로 수학여행을 갔다. 사립학교를 다닌 덕에 형들은 경험하지 못한 호사였다. 경주 숙소에서는 끼니마다 온돌방에 차려진 교자상에 둘러앉아 식사를 했는데 전혀 다른 두 가지 반찬이 한 접시에 섞여 있는 등 상차림이 형편없었다. 그런데 우연히 선생님들의 상을 보고는 크게 놀랐다. 고기며 생선이며 학생들이 먹는 것과는 엄청난 차이가 있었다. 수학여행 3일째는 아침 일찍 토함산에 올라 해돋이를 보고 석굴암으로 가는 일정이었다. 그런데 전날 과음한 선생님들이 늦게 일어나는 바람에 오후에야 토함산에 올랐다.

사람이 사람을 교육시키고 보살피려면 사람에게 애정과 경외심을 가져야 한다.

사람이 사람을 키우려면 그 사람 자체의 인성이 어느 정도 수준에 도달해야 한다.

사람이 사람을 키우는 수준에 도달하려면 많은 시간과 수련이 필요하다.

초등학교 선생님은 연세 지긋하고 인격적으로 완성된 어르신이 맡는 게 좋고, 대학 교수는 첨단 지식을 전수할 수 있는 젊고 유능한 분이 적합하지 않겠냐는 이야기를 들은 적 있다. 참으로 공감이 가는 말이다.

2. 오너와 임원

기업은 오너의 그릇만큼 성장한다

오너가 자기 회사에 업체를 소개하면

기업 오너들 중에는 본인의 친인척이나 학교 동창 등이 운영하는 업체를 자신의 기업에 소개하는 이들이 종종 있다. 소개하는 업체가 고객사라면 기업에 큰 도움이 된다. 하지만 그런 경우는 별로 없다. 오너 자신이 을의 입장이 되고 소개하는 업체의 지인이 갑의 입장이 되니 그런 불편과 부담을 떠안을 이유가 없기 때문이다. 오너가 타 업체를 소개하는 경우는 상대가 협력 업체나 납품업체 등이고 오너 본인이 갑의 입장이 되어 도와준다며 오지랖 넓게 생색내는 상황일 때가 거의 대부분이다. 그런가 하면 웬만한 회사의 재산종합보험이나 화재보험 등 보험 관련 거래는 대체로 리베이트가 뒤따른다. 그래서 오너가 거래 보험회사를 지정하고 직접 리베이트를 챙기는 경우가 많다.

오너 A가 자신의 학교 동창 B와 B가 운영하는 회사를 구매 담당자 C에게 소개했다. C에게는 괜찮은 친구이니 품질과 가격을 잘 따져 보고 거래하라고 지시했을 것이다. 또 B에게는 나 욕먹지 않게 좋은 가격과 품질로 납품해 주기 바란다고 당부했을 것이다. B의 회사가 우수한 품질과 경쟁력 있는 단가로 적시에 잘 납품해 준다면, 이런 거래가 변함없이 진행된다면 문제 될 일이 없다. 그러나 변하지 않은 경우가 흔하지는 않다. 열에 여덟아홉은 거래관계가 변질될 가능성이 크다.

C는 적어도 구매 품목의 원자재 동향은 어떠한지, 국내 수급 사정은 어떠한지, 납품 단가와 품질은 적정한지 등을 정기적으로 확인해야 한다. 또한 타사와의 비교견적 등을 통해 항상 경쟁력 있는 구매가 이뤄지도록 노력을 기울여야 한다. 그렇게 해야 회사는 구매 원가를 절감하여 최고의 이익을 낼 수 있다. 그렇게 해야 회사가 만든 이익이 직원과 주주 및 고객에게 환원되는 선순환구조를 만들 수 있다.

B의 회사도 처음에는 A와 C의 요구에 맞춰 착실히 거래관계를 유지할 것이다. 그러나 점진적으로 관계가 익숙해지며, 납품업체라기보다는 A의 친구라는 사적인 관계를 앞세워 자사의 이익을 좀 더 내고 싶은 욕심이 자연스럽게 생길 것이다. C 역시 처음에

는 열심히 챙겼던 품질이나 가격 등 경쟁력 확인을 점점 게을리하게 될 것이다. 어째서 그러한가. 경쟁사보다 조금 비싸지만 차이도 크지 않고, 오너와 개인적으로 친한 사람이니 거래를 중단하거나 하면 나중에 불이익을 당할지 모른다는 생각이 들기 때문이다. 결국 C에게 B의 회사는 구매 부서 담당자 입장에서 더 이상 컨트롤할 수 없는 상대가 되고 만다.

이처럼 상당히 오랫동안 만성적인 거래관계가 유지되었다. 그런데 어느 날, 구매 업무를 관장하는 부서장이 D로 바뀌면서 문제가 수면 위로 떠올랐다. D가 확인한 결과 시장가격보다 월등히 높은 단가를 제시하는 업체와 비정상적인 거래를 해 왔음이 밝혀졌다. B사로서는 상당한 폭리를 취했을 것이다. 이때 D가 (C가 그랬듯) B사가 오너 A의 친구임을 알고 눈감는다면 이러한 부적절한 거래는 끝없이 지속되었을 것이다. 다행히도 D는 그렇게 하지 않았다.

뒤늦게 사실을 깨달은 A는 그동안 폭리를 취한 B에게 엄청나게 화를 냈을 것이다. 아마 친구 관계도 깨졌을 것이다. 또 C에게도 화를 냈을 것이다. 자신이 B를 소개한 것은 같은 가격이나 동일한 조건일 때 구매하라는 뜻이었다는 둥, 그 정도라면 자신한테 보고해야 마땅했다는 둥, 바보 같은 행동으로 회사에 큰 손실을 입혔다는 둥 본인 면피성 발언을 섞어 가며 마구 나무랐을 것이다. 끝으로 이러한 부조리를 용감하게 보고하여 회사의 손실을 온

몸으로 막은 D에게는 칭찬을 했을 것이다. 그러나 A가 이후에도 바른말 잘하는 D를 신임하게 될지는 모르는 일이다. 그게 그릇 작은 오너들의 이중성이다.

오너는 친인척이나 친구 등이 운영하는 회사를 절대로 자기 회사의 거래관계에 끌어들이지 말아야 한다. 같은 가격에 동일한 조건이면 거래하도록 하라는 식의 애매모호한 지시도 해서는 안 된다. 또 실무 직원은 이처럼 회사의 이익에 반하는 행태를 외면하지 말아야 한다. 도저히 자신이 없거나 애매한 경우라면, 품의를 해서 내부 결재를 받아 놓든가 간단하게라도 보고서를 작성해서 오너의 사인을 받아 놓는 것이 좋다. 그러나 이럴 경우 오너에게 찍힐 가능성이 매우 높다.

결론적으로 한 번 더, 오너는 자신이 아는 업체를 회사에 끌어들이지 말아야 한다.

회사에 손해를 끼치고 무고한 직원을 괴롭히는 일이 될 수 있기 때문이다.

오너가 관련된 악덕 납품업체

E사는 제품 물성을 조절·향상시키거나 친환경제품을 생산하

는 공정에 보조 재료를 사용한다. 주 원재료보다 보조 재료가 제조원가에서 차지하는 비중이 훨씬 높다. 결국 성능 좋은 보조 재료를 얼마나 경쟁력 있게 구매하는지 또는 자체 기술 노하우를 확보해서 자가 생산하는 보조 재료를 사용할 수 있는지 여부가 사업의 중차대한 핵심역량이었다.

E사는 사용하는 보조 재료를 F 납품업체에서 전량 구매하고 있었다. F사는 자사 매출 전부가 E사와 E사의 관계회사에서만 발생하는, 타사와의 관계에서 발생하는 매출은 전혀 없는 100퍼센트 E사 납품회사였다. 그런데 F사는 거의 대부분 타 업체에서 구매한 원료를 단순 분할 후 소포장, 재포장, 단순 가공하여 납품하는 업체였다. F사 대표는 E사에서 근무한 이력이 있고, E사 오너들과의 친분이 두터웠으며, E사가 어려울 때에 도움을 주기도 했다. 그랬기에 납품회사로 선정되었을 것이다.

보조 재료는 위에 언급한 것처럼 단순 범용 보조 재료도 있지만 제품 물성을 확보하고 친환경제품을 생산 가능하게 하는 매우 중요한 보조 재료도 있다. 그런데 F사로부터 납품받는 보조 재료는 친환경제품 생산이나 생산성 증대 등을 꾀할 수 없는 낮은 수준의 제품이었다. 게다가 거의 모든 납품 단가가 시중가보다 비싼 수준이었다.

변화는 구매 담당 직원 G로부터 시작되었다. 어느 날 G가 사용

중인 범용 보조 재료의 시중 가격을 조사하고 납품가 견적을 받아 보고자 지역의 다른 업체들에 연락을 돌린 것이다. 그랬더니 황당한 일이 일어났다. 견적을 의뢰한 지역 업체들에서는 일절 회신이 오지 않고, 대신 F사 대표의 연락이 G에게로 온 것이다.

"우리가 알아서 잘 납품하고 있는데 다른 회사에는 왜 연락을 합니까? 필요한 거 있으면 뭐든 말해요. 단가 조정도 얼마든지 해 줄 수 있으니까."

일개 납품회사 대표가, 갑의 지위에 있는 업체가 타사 견적을 받는 것조차 중간에 나서서 막을 만큼 우월적인 지위를 남용한 것이었다. 나아가 타 업체들을 회유하고 견제한 정황까지 의심할 수 있는 상황이었다.

부조리한 상황은 이것만이 아니었다. 결국 G가 친환경제품 생산과 생산성 증대에 도움이 될 우수 제품 공급업체 H사를 새롭게 발굴해서 거래 업체를 바꾸려 했을 때, E사 오너가 내린 지시는 기존 납품회사를 해당 거래에서 배제하지 말라는 것이었다. 그리하여 어떤 일이 벌어졌는가. H사가 F사에 우수 제품을 납품하고, F사는 이를 단순 가공해서 E사로 납품하는 3자 거래가 이어지게 되었다. F사 입장에서는 여전히 매출과 이익 모두 보장받게 되었고, E사로서는 그만큼 높아진 제조원가 때문에 자사 이익이 유출되는 결과를 받아들이게 되었다.

이후, 결과적으로 E사는 H사로부터 중요한 기능의 보조 재료를 공급받으며 친환경제품을 생산할 수 있게 되었다. 나아가 10퍼센트가 넘는 생산성 증대로 영업과 생산의 혁신을 이루어 냈다. 덕분에 지난 수년 동안의 적자를 메우고 상당한 이익을 실현하게 되었다.

F사가 진작부터 기술을 개발하고 시장 상황에 적합한 보조 재료를 적정가로 생산·공급했더라면 E사는 더 빨리 친환경제품을 생산하며 상당한 수익을 실현했을 것이다. E사 오너의 F사를 위한 사적 관계 남용과 F사 대표의 비윤리적 상도의는 E사에 오랜 기간 손실을 안겼고 이는 고스란히 직원들의 낮은 처우로 이어졌다. 이로 인해 주주들 또한 적지 않은 손실을 입었을 것이다.

참고로 2016년부터 2018년까지 크레탑 자료에 의하면 F사는 60억 원 전후 매출에 당기 순이익이 2억 원에서 4억 원 정도를 기록하고 있다(2017년은 1억 원 미만 기록). 하지만 총 직원 6명 가운데 현장 제조직 3명을 제외하면 관리 인원이 3명으로 추정됨에도 판매관리비 항목의 인건비(급여)로 10억 원 수준(제조원가상 급여 1.5억 원 수준 별도), 접대비로 3억 원에 달하는 금액을 계상했다. 실제 60억 원 전후 매출에 순이익은 적어도 10억 원을 크게 상회하는 수준으로 볼 수 있다. 그러나 당시 이 회사에서 납품을 받던 E사는 정작 적자를 실현하고 있었다. 생산성도 대단히 낮은 데다 친환경제품을 원활히 생산 못 하는 수준이었다. 오너가 관련된 악덕 납품회사 탓에, 회사는 업계에서 계속 뒤떨어지며 적자를 면하지 못하는 상태에 빠지고 만 것이다.

투명하고 공정하게 납품 협력 회사를 운영하는 게 얼마나 중요한지 깨우쳐 주는 사례다.

오너들은 업체 선정과 운영에 개인적으로 개입하지 말아야 한다.

더욱이, 잘못된 업체 선정으로 입는 손실을 알면서도 이를 묵과하는 사례는 회사, 주주, 임직원, 고객에게 큰 피해로 이어질 수 있음을 잊지 말아야 한다.

경영자는 책임질 줄 알아야

회사는 어떤 업종이건 어떤 규모건 소소한 운영상의 실수, 중대 과실, 환경 사고, 고객에 대한 치명적 응대 오류 등으로 인해 언제든지 심각한 어려움에 빠질 수 있다.

자사의 운명을 좌우하는 크고 작은 프로젝트가 늘 성공하고, 모든 일반 업무가 언제라도 문제없이 원활하게 운영된다면 얼마나 좋을까. 그러나 현실은 그렇지 않다. 신제품 개발, 신사업의 론칭 등은 통상적으로 성공 확률이 그리 높지 않은 편이다. 또한 일반 운영상에서도 매일 자잘한 오류와 문제점이 발생하는 게 현실이다.

사안이 중요하고 클수록 업무 관련자가 많아지고 책임자의 직급이 높아지기 마련이다. 그리고 하나의 프로젝트가 실패하거나 운영상의 문제점이 드러났을 때, 정도의 차이에 따라 인사위원회 등을 열고 업무 관련자의 책임을 묻고 징계를 하게 된다. 기업에서 누가 어떻게 책임을 지는가는 조직과 조직원의 운명을 좌우할 정도로 중대한 문제다. 사안이 심각할 경우 책임자나 주요 담당자는 더 막중한 책임을 지게 된다. 단순한 징계에서부터 향후 승진이 막히거나 심지어는 불명예 퇴직을 당할 수도 있다.

일반적으로 회사에는 직무와 직위에 따른 R&R(Role and Responsibilities: 역할과 책임)이 정해져 있다. 짜임새 있게 운영되는 회사일수록 업무 분장이 더욱 명확하게 규정되어 있기 마련이다. 실패와 오류를 향후의 타산지석으로 삼는 것과 별도로, R&R과 사안의 경중에 따라서 개인들 각각은 과실에 상응하는 책임을 지게 된다. 단위 조직을 맡아 운영하는 중간 관리자 등은 개인적 책임에 더해 조직의 장, 즉 리더로서의 책임을 더하게 되며, 총괄 책임자는 당연히 전체에 대해 포괄적이고 엄중한 책임을 질 수밖에 없다. 그것이 공정이고 리더의 책임감이다. 그래야 이후에도 직원들이 책임자를 믿고 또 다른 프로젝트나 중요 업무에 충실히 임할 수 있다.

H사의 고위급 임원 I는 회사의 성장기에 다양한 일들을 수행했던 인물이다. 개중에 성공한 사례도, 실패한 사례도 많았다. 그런데 I는, 성공한 사례는 대부분 본인의 공으로 부각하여 승진과 보상을 받은 반면에 직원들에게 공을 치하하고 보상하는 데에는 인색했다. 더욱 나쁜 것은, 실패했을 때 본인은 책임을 지지 않고 그 책임을 부하 임원 또는 직원들에게 돌린 것이다. 조직에서의 지위 때문인지 오너도 이러한 부분을 대체로 묵인했다. 실패했을 때 책임을 떠맡은 직원들 중에는 그로 인해 퇴사한 인원도 적지 않았다.

누가 I 밑에서 일하려고 할 것인가.

조직 사회니 어쩔 수 없이 일은 하겠지만 자발적으로 열정적으로 동기부여해서 참여하는 직원이 있을 리 없었다. 인간적으로 따르는 부하 직원 역시 찾아보기 어려웠다. I 같은 책임 회피성 인물을 보면, 대체로 권모술수에 능하다는 특성이 있다. 자기 자신과 조금이라도 경쟁 관계에 있다든가, 오너의 신임도가 상대적으로 높아 보인다든가, 개인적으로 관계가 원만하지 못한 동료 임원이 있으면 항상 뒤에서 꼼수를 부리고 해코지하는 경우다.

퇴직한 I는 현직에서 물러난 다른 임원들과 달리 OB 모임 등에도 끼지 못하는 외톨이 신세가 되었다. 딱한 일이다.

리더의 책임 의식과 이를 실천하는 언행.

현직에 있을 때는 물론, 회사를 퇴직한 후에도 사라지지 않고 당사자 곁에 남아 그 영향력을 행사하는 중요한 가치다.

공과 사를 명확히

경조금 명목으로 통상 10~20만 원의 경조금 지급 청구서가 결재·상신되었다. 거래처나 고객사의 애경사 경조금으로 사용되는 액수이니 접대비 계정으로 처리되리라 생각했다. 일반적으로 협력사나 고객사의 애경사가 발생했을 때 관련 부서에서 경조금이나 화환을 보내고자 비용 집행 청구서를 작성해 결재를 득하고 집행하는 것이 절차다.

그런데 알아본즉 영업이나 구매 부서 등 관련 부서에서 결재가 진행되는 게 아니었다. 일반 총무 지원을 담당하는 직원이 결재 상신을 하고 있었다. 물어보니 오너 J가 사용하는 경조금이라고만 대답한다. 회사와 거래관계가 아닌, 친지나 친구 등 개인적인 애경사에 사용하는 것인가 싶었다. 옳지 않은 일이었다. 회사 업무와 관계없는 경우에는 오너 개인 돈을 사용하는 게 당연한 노릇이다. 그러나 사실상 많은 회사에서 관례적으로 임원들의 접대비와 회식비 등 경비 지출에 대한 월 한도 금액을 책정해 놓고 (회사 업무와 관계가 있건 없건) 묵인하곤 했다. 이것도 비슷한 경우라고 생각했다. 그러나 후에 더 자세한 내용을 알고는 황당함을 금할 수 없었다. 회사 직원들의 애경사를 위한 J의 개인 경조금을 회삿돈으로 충당해 왔던 것이다. 믿기지 않는 일이었다. 회사와 전혀 무관한 친지나 친구가 아니라 회사 직원에 대한 건이니 그럴 수도 있다고 생각할 수도 있다. 하지만 절대 그렇지 않다. 가장 부도덕한 경우다. 통상적으로 임직원들의 애사와 경사에, 회사 규정과 기준에 따라 경조금이 지급되고 경조 휴일이 주어진다. 이 경조금은 당연히 회삿돈이며 대표이사 명의로 지급된다. 그러나 이 이외의 모든 동료 관계에 의한 개인적인 경조금은 당연히 본인 자유 선택에 달린 것이다. 따라서 개인 돈으로 지급해야 한다. 그게 상식이다. 그럼에도 J는 본인이 대표이사도 최고 직위 오너도 아니건만 모두 회삿돈으로 처리해 왔다. 비윤리적이고 부도덕하고 염치없는 경우다. 더 알아보니 기가 막힌 상황이 줄줄이 딸려 나왔다. J를 제외한 다른 경영 임원들도 직원들의 애사와 경사가 있을 때마다 회삿돈으로 개인 경조금을 처리했던 것이다.

오너 경영자는 자신이 회사 지분을 갖고 있으니까 당연히 회삿돈을 개인적으로 사용할 수 있을 것이라고 생각했을 것이다. 경영 임원들 역시 '오너가 그렇게 하니 나도 그럴 수 있을 것'이라고 생각했을 것이다. 무엇이 옳고 무엇이 그른지 판단 못 하는 사람들이 회사 경영을 책임지고 있었다.

경조금을 받은 직원이 그 사실을 알게 된다면, 회사 오너께서 두둑하게 보내온 봉투가 회삿돈이라는 것을 알았을 때 과연 기분이 어떠했을까.

인사·총무 부서 직원들 상당수는 당연히 이 같은 비정상적 개인 경비 집행 내역을 파악하고 있었다. 해도 너무한다는 불만과 비난 속에, 비윤리적이고 부도덕한 임원들에 대한 신뢰도는 바닥을 기는 수준이었다. 사내의 모든 임원이 근무 기간 내내 이런 식으로 얼마나 많은 회삿돈을 유용했을지 계산이 되지 않았다. 바로 이것이 횡령이었다.

그런데 안타깝게도 드문 사례가 아니다. 1970~1980년대 관공서나 공기업 비슷한 조직문화를 가진, 특히나 오랜 연륜을 가진 기업에서 종종 볼 수 있었던 경우다. 회사 비용으로 자택 경비 인원을 두었던, 오너 부인의 개인 차량 경비와 수행 기사 급여까지 회사 비용으로 부담하게 하는, 몇 푼 되지도 않는 신문 대금마저 회사 경비로 처리하는 재벌 오너 회장님들의 시대도 있었으니 말이다.

식대와 경조금

직장 생활을 하면서 직원들과 같이 하는 식사 비용에 부담을 느껴 보지 않은 사람은 거의 없을 것이다. 나도 동일한 경험을 많이 했고, 나름의 노하우를 터득하기도 했다. 이 부분을 공유하고자 한다.

식대

강원도 모 평생교육원 직원들이 원장과 점심 식사를 같이 할 상대를 정하기 위해 순번표를 만든다는 보도를 접했다. 조직의 높은 위치에 있는 사람이 외부 약속이 잡히지 않은 경우, 직원들 모두가 함께 식사할 수도 없고 그렇다고 혼밥을 하도록 놔둘 수도 없으니 순번에 따라 돌아가면서 식사 당번을 했다는 것이다. 해당 직원으로서는 불편한 당직 하나를 추가로 맡는 기분일 터였다.

서울에서 근무할 때다. 사내에 구내식당이 없었다. 매일 점심때면 같이 일하는 직원들 대여섯 명과 같이 회사 밖으로 나가 점심 식사를 했다. 오늘은 무엇을 먹을지가 항상 고민 아닌 고민이었다. 후에 조직이 커지고서는 주로 팀장들과 함께 점심을 들었다. 일행의 밥값은 거의 내가 계산했다. 한 달에 50~60만 원 정도 되는 비용이 적잖이 부담이었다. 요즘 같은 1/N 문화가 익숙지 않은 시절이었다. 같이 식사한 부장이 매번 밥값을 내던, 부장이 없으면 과장이 대신 밥값을 내는 게 당연하던 시절이었다. 그러다 보니 후배 직원들이 눈치가 보였는지, 웬만하면 자기들이 먹은 것은 자기들이 계산하고 일주일에 한두 번은 내가 밥을 사는 식으로 자연스럽게 정리가 되었다.

2000년대 초반만 해도 4,000~5,000원 하는 밥값을 일일이 카드로 계산하는 시절이 아니었다. 그래서 아무래도 같이 식사할 일이 많은 부서 직원들이 총무 역할을 맡은 직원에게 매월 초 일정 금액을 보냈다. 총무는 매일 식사 후에 개인별 비용을 공제해 이를 엑셀 표로 만들어 공유하고 월말에 개인별로 과부족을 정산하곤 했다. 한 사람의 수고가 있었지만 상당히 합리적인, 당시 분위기로서는 드물게도 최적의 방법으로 개인별 정산을 했던 사례였다.

이후로 회사에 구내식당이 생기면서 더 이상 그런 것에 신경 쓸 이유가 없어졌다. 이제 문제는 누구와 같이 밥을 먹는가가 되었다. 직장인에게 점심시간은 나름 중요한 일과다. 이 시간을 적절히 활용하면 직장 생활에 도움이 된다. 어디 가서 무엇을 먹는지 누가 밥값을 내는지도 중요하지만, 요컨대 바쁜 직장 생활 와중의 점심시간을 활용해 업무 협의를 하거나 평소 궁금한 부분에 대해 자세히 물어보고 상의하는 자리를 만들 수도 있다. 팀장이나 임원 등 조직의 장은 구성원들과 점심 식사를 하며 업무 진행 상황을 파악하거나 조언을 할 수도 있고, 외부 손님과 점심을 먹으며 미팅을 겸할 수도 있다. 이처럼 점심시간은 비즈니스를 하거나 개인적인 대인관계를 넓히는 기회로 활용할 수 있다. 물론 피곤할 때나 뭔가 생각할 게 많을 때는 조용히 혼밥의 시간을 갖는 것도 좋다.

경조금

서울을 떠나 지방 생산 현장에서 근무하게 되었을 때, 사업장마다 사내에 식당이 있어서 좋았다. 끼니마다 무엇을 먹을지 고민할 필요도 없고 식사 비용도 지출할 필요가 없으니 공장 근무의 또 다른 장점이었다.

그러나 웬걸, 이번에는 직접 관리하는 사무직과 생산직 직원까지 수백 명이 되다 보니 애경사 경조금이 엄청난 수준이었다. 서울에서 근무할 때 상시로 부담하던 식사 비용보다 지출이 훨씬 많아졌다. 수백 명의 직원들과 그 배우자 및 가족의 결혼, 회갑, 칠순, 백일, 돌, 장례 부고 등등 애사와 경사가 매월 끊이지 않았기 때문이다.

회사 규정에 정해진 애사와 경사는 주로 노동조합과 합의되는 사항으로, 해마다 새로운 내용이 추가되거나 금액과 유급휴일 기준 등이 상향되곤 했다. 특히 친인척의 범위가 넓어졌다. 금액도 금액이지만 결혼식장이나 장례식장에 직접 찾아가 예를 표하는 것도 여간 힘든 일이 아니었다. 이는 요즘 세대에게도 똑같은 고민일 것이다. 회사 생활뿐 아니라 친인척이나 친구 사이의 애사와 경사 역시 마찬가지일 것이다. 더욱이 큰 조직의 장이나 대표를 맡은 사람에게는 더욱 조심스러운 문제다. 누구의 애사 경사에는 찾아가고 누구의 경우에는 안 가고 등등 기준이 애매하면 오해를 사거나 난감한 상황이 발생할 수도 있다.

모든 애경사에 다 부조를 할 수도 없고 다 찾아갈 수도 없었다. 해서, 나름의 기준을 만들어 운용하기로 했다. 회사의 기준표를 토대로 몇 가지 원칙을 정하되 특별한 경우를 추가한 내 개인의 기준을 만들어 지키고자 노력했다. 관계에 따라 사안에 따라 일정한 기준에 따른 금액을 산정하고, 직접 찾아갈 것인지 계좌 등으로 성의만 표시할 것인지 역시 기준을 만들었다. 그런데 이 기준은 변해야 한다. 시대적 기준에 따라, 회사가 수도권에 있는지 지방 소재인지에 따라, 내가 조직 내에서 어느 정도 위치인지에 따라 계속 달라져야 한다. 처음에는 회사의 경조금 기준보다 범위가 많이 축소되었는데, 여기에 현실성을 감안하여 실질적인 적용 기준을 다시 세웠다. 회사 직원들을 상대로 한 기준은 물론 친인척과 친구 등에 대한 개인적인 기준을 처음부터 잘 정해 두면 나중에 많은 도움을 받을 수 있다.

정리하자면, 타인의 애경사에 대해 본인 스스로의 명확한 기준이 있어야 한다. 이 기준은 시대적 분위기, 지역, 본인의 지위에 따라 주기적으로 조정되어야 한다. 회사 내에서 직위가 높은 사람일수록, 같은 사안에 동일한 기준을 적용하는 일관성이 무엇보다도 중요하다.

너무나 많은 친인척

우리나라 기업들은 대부분 오너 승계를 원칙처럼 하고 있다. 오너의 직계 자식들은 처음부터 고급 간부로 입사, 고속 승진을 거쳐 경영권을 차지하곤 한다. 친인척을 회사에 근무시키는 사례도 적지 않다. 직계 자식들이 남달리 똑똑하고 성실해서, 회사에 지대한 기여를 하며 다른 일반 직원들에게 인정받는 경우도 있을 것이다. 그러나 그렇지 못한 사례가 더 많다는 데에 문제의 심각성이 있다.

첫 번째는 친인척 수가 엄청나게 많았던 K사의 경우다. 사내에 오너의 사위, 조카, 사촌 등등 거의 모든 친인척이 포진되어 있었다. 직위도 전무, 부장, 소장, 과장 등등 임원 간부직이 다수였다.

당연히 현장에도 멀고 가까운 친인척 직원이 있었다.

도대체 이유가 뭘까. 과거 경제 성장기의 중소중견기업은 요즘과 정반대로 우수한 인력을 채용하는 데 어려움이 있었다. 그나마 있는 집 자식인 친인척들은 돈 써서 대학 공부까지 마쳤으니 보통 수준은 넘는다는 변명이 통했다. 또 창업자의 가족이 생판 남보다는 그래도 횡령 같은 부정을 덜 저지를 것이라는 믿음이 일정한 영향력을 행사했을 것이다.

어쨌거나 이렇게 많은 친인척을 채용함으로써, 오너는 그들을 상대로 쉽게 일을 시키고 부릴 수 있었을 것이다. 나아가 자기가 다 거둬들여서 채용하고 먹고살게 해 주었다고 생색을 낼 수도 있었을 것이다.

친인척들이 회사의 중요한 자리마다 포진되어 역량을 발휘하며 열심히 일하고, 다수의 일반 직원들과 잘 융화되어 협업하면서 성과도 내고 기여를 한다면 크게 문제 될 것은 없겠다. 그러나 현실은 그와 정반대인 경우가 대부분이다. 집안에서는 아랫사람인 오너가 집안의 윗사람인 임직원을 심하게 나무라서 다른 회의 참석자들이 도리어 몸 둘 바를 몰랐다는 사연, 너무도 고지식한 데다 아둔해서 업무 진행에 많은 차질을 빚었던 친인척을 오너가 표나지 않게 지원하는 바람에 주위 직원들의 불평과 불만이 이만저만 아니라는 사연, 결국 직원들이 용기 내어 오너를 설득, 예의 친인척을 퇴사시키고 말았던 사연, 회사 규모가 작았을 때는 문제가 되지 않았는데 회사가 성장하고 규모가 커지면서 유능하지 못한 친인척 직원이 걸림돌이 되고 만 사연 등등. 회사에 맞지 않는 친인척을 먹고살게 해 줘야 한다면, 회사에 들이지 말고 개인적으로 지원해 주는 방안이 더 바람직하지 않을까.

두 번째는 채용한 친인척의 숫자는 적지만 업무 경력이 없는 친인척 L을 고위 간부로 채용하여 문제가 된 경우다. 관련 경력이 없음에도 주요 보직을 맡게 되면서 하나둘 문제점이 발생한 것이다. 더욱이 L은 업무 경험이 없을 뿐 아니라 성격이 남달리 특이하고 까다로웠다. 사회성도 떨어져서 많은 직원이 다가가길 꺼릴 정도였다. 4차원이라는 별칭이 붙을 만큼 성격도 괴팍했다. 엎친 데 덮친 격으로 L은 자신이 오너의 친인척이니 오너나 마찬가지로 '직원들이 잘하는지 평소에 관리와 감시를 해야 한다'는 생각까지 하고 있었다. 해당 조직이 제대로 돌아갈 리 없었다. 부서원들이 L을 잘 따를 리 없었다. 부서 간 미팅이나 협업 과정에서 상대 부서 직원들은 L을 피하기 일쑤였다. 해당 부서 임원들도 L 때문에 늘 노심초사였다. 주변 간부들에게 매번 나서서 이해를 구하고 업무가 원활히 진행되도록 늘 신경을 써야 했다. 업무를 리드해 줄 선임자를 타 부문에서 새로 보임하기도 했다.

결국 L은 다른 부서로 옮겨졌는데, 그 부서 직원들이라고 관계가 원만해질 턱이 없었다. 트러블이 끊이지 않았고, 결국 최악의 사건이 터졌다. 회의실에서 상사와 업무 협의를 하던 L이 무슨 일로 단단히 성질이 났는지 당장 때려치우고 만다며 그 즉시 회사를 떠나 버린 것이다. 책상이나 개인 물품 정리도 안 한 채로 말이다.

L은 몇 개월 뒤에 다른 자리로 복귀하여 일을 시작했고, 그사이 업무를 리드하던 선임자는 타 보직으로 전환 배치되었으며, 불화를 빚었던 상사가 결국 회사를 떠나게 되었다.

같은 부서 직원 두 명이 내게 찾아와 고충 상담을 했다. 나 역시 직간접적으로 그 내용을 알고 있었고, 그래서 사람을 바꾸면서까지 문제를 해결하고자 했다. 그러나 힘든 상황이었다. 업무는 업무대로 진행이 되지 않았고, 협업해야 하는 직원들은 회의나 업무 진행을 거부하다시피 했다.

"막장 드라마에 나오는 악녀도 이런 악녀가 없다니까요?"

울상이 되어 L 문제를 호소하던 직원들의 묘사였다. 인성의 문제, 인성교육의 문제를 다시 한번 생각해 보게 하는 대목이 아닐 수 없다. 기업들의 오너 친인척 특별 채용, 시급히 해결되어야 할 문제다.

조직을 좀먹는 권모술수

어느 조직이건 권모술수에 능한 사람은 항상 존재하기 마련이다. 사람들이 이해관계를 가지고 모인 조직에서는 필연적으로 그런 인물이 빠지지 않는다. 심성도 선하고 대체로 원만한 대인관계를 가진 사람이 어느 틈에 슬그머니 고자질을 하고 남을 헐뜯는 것이다. 사람이 나쁘고 악의가 있어서가 아니라면 본인이 미처 깨닫지 못하는 고약한 버릇일 수도 있다. 가까운 누군가 조언하고 주의시키면 어느 정도 개선이 가능하다.

이와는 다르게 대단히 악의적이고 계산적인 의도로 허위 고자질을 밥 먹듯 하고 남을 헐뜯는 이들이 있다. 조직에 한두 명쯤은 꼭 있다. 조직의 서열 다툼에서 우위를 차지하려 할 때, 업무의 주도권을 가지려고 할 때, 누군가 윗사람에게 신임받는 것이 못마땅할 때, 업무적으로나 개인적으로 마찰이나 갈등이 있어서 이에 앙갚음할 때 그러한 권모술수가 나타나곤 한다. 결국은 개인의 욕심과 집착이 주요 원인이라고 생각된다.

그런데 이 같은 욕심과 집착은, 개인적인 성향 탓도 물론 있지만, 조직이나 오너로 인해 더욱 심해지기도 한다. 조직이 불안정하거나 오너의 변덕으로 임직원이 자주 교체되는 경우, 경쟁을 과하게 유발하거나 임직원 평가 등에 편향성을 보이는 경우다. 여러 회사를 거치며 이처럼 권모술수를 잘 쓰는 임직원들을 몇 명 만났다. 그들로부터 직접적인 피해를 경험하기도 했다. 영문도 모른 채 오너로부터 심하게 꾸지람을 듣기도 했다. 그러고도 이유를 몰라 어리둥절하기도 했다. 당치도 않은 사안에 대해 지적을 받기도 했다. 그 때문에 현장을 들쑤셔 가며 확인했지만 잘못된 바는 전혀 없었다. 당시에는 잘 몰랐지만 짧게는 하루, 때로는 몇 달 만에, 심지어 몇 년 후에야 그 비밀이 밝혀졌다. 모두 권모술수에 능한 사람들이 악의적으로 만들어 낸 일들이었다.

그런 부류 사람들이 저지르는 또 다른 악행으로, 조직 내 직원들을 자기를 따르는 직원들과 그렇지 않은 직원들로 줄 세우기 시키는 것이 있다. 자기를 따르는 직원들을 무슨 계파 구성하듯 하고, 타 직원들이 그 무리 속으로 들어오지 않으면 안 되도록 분위기를 조성하는 것이다. 이를 위해 업무 외적인 일도 수시로 감시하는 등 갖은 모략을 서슴지 않는다. 별문제 없는 사람들을 중상모략해서 큰 곤란을 겪게 하거나 오너를 자극해서 퇴사하게 만들기도 한다. 그리고 그 자리를 자기편 직원들로 대체한다. 한술 더떠서 과거에 인연을 맺은 직원들을 채용, 더욱 강한 계파 무리를 만든다.

회사를 좀먹는 갈라치기가 오래갈 리 없다. 이러한 부류의 사람들이 성공할 리가 없다. 결국 갈라치기는 실패하고, 당사자 주변에는 아무도 남지 않는다. 그러나 그 상처는 크게 남는다. 각종 업무 파행, 은폐 등의 집단 오류가 발생하며 회사 자체를 수년 전으로 퇴보시키거나 아사 상태로 만들기도 한다.

많은 임직원이 해마다 퇴직을 반복하거나 회사 오너가 소위 귀가 얇다는 소리를 듣는 경우, 반드시 대대적인 조직 점검을 해 봐야 한다. 사내에 권력 다툼이 과도하거나 오너 또는 임원진의 편향성이 강할 경우 권모술수에 능한 사람이 설치며 조직 분위기를 흐려 놓을 가능성이 크다. 이러한 회사에서 퇴직하는 임직원은 대부분 감정이 심하게 상한 나머지 전 직장을 거의 원수처럼 대하기도 한다. 시간과 품을 들여서라도 반드시 점검해야 할 부분이다.

직장 문화와 분위기는 조직원들이 만들어 가는 것이다. 업무상은 물론 개인적인 인간관계에서도 화합이 잘되는 조직이 당연히 좋은 성과를 거두기 마련이다. 오너는 사내에 선의의 경쟁이 가능하도록, 업무 평가의 공정성과 신뢰성이 확보될 수 있도록 최적의 업무 시스템을 만들어야 한다. 그리고 이 시스템이 통할 수 있도록 적극적인 관심을 가져야 한다. 또한 사람과 조직을 늘 신중히 대하는 한편 폭넓게 의견을 수렴하는 자세를 가져야 한다. 임직원을 채용하거나 퇴직시킬 때에도 최대한 공정하고 타당한 명분이 있어야 함을 명심해야 한다. 결국 회사는 오너의 그릇만큼 성장·

발전하기 마련이다.

기부금을 내는 주체는

CSR(Corporate Social Responsibility)은 기업이 지역사회 및 이해관계자들과 공생할 수 있도록 의사결정을 해야 한다는 윤리적 책임 의식을 말한다. 꼭 사회적 책임을 연결 짓지 않더라도, 사업이 안정되고 일정 수준의 수익이 창출될 경우 기업은 지역사회나 공익법인, 자선단체 등에 기부를 하게 된다. 전반적으로 경제가 성장·발전하고 사회가 성숙해지면서 기부 문화에 대한 공감대가 커지고 있다. 사회적으로 기부를 장려하는 한편 기부 내역을 적극 홍보하기도 한다. 기업 입장에서는 선의를 가지고 자발적으로 기부하는 경우도 있겠고, 생존과 지속 경영을 위해 외부의 보이지 않는 힘에 동참하는 경우도 있을 것이다.

거대 재벌 그룹들은 재단 등을 설립하여 기부나 문화예술 교육 활동을 지원하기도 한다. 일반 중소중견기업들은 연말연시의 불우이웃돕기 모금 활동에 참여하고, 폭우나 지진 등의 큰 재난이 발생했을 때에도 동참하고, 사업상 필요하거나 지역사회에 특별한 사안이 있을 경우에도 기부를 한다. 이러한 경우를 제외하면 대체로 기업의 오너와 관련된, 오너가 졸업한 중고등학교나 대학교, 개인적으로 관계를 맺고 있는 단체, 오너의 친인척이 관련된 단체 등이 주로 대상이 된다. 이 경우 기부 대상이나 금액 등은 거의 모두 오너의 독자적인 의사로 결정된다.

통상 기업이 기부했을 때, 미디어 등을 통해 이 사실이 알려지기도 하고 기부받은 곳에서 고급스러운 기념 명판을 만들어 주기도 한다. 이때 ○○회사 ○○○ 회장, ○○ 회사 대표이사 ○○○ 같은 식으로 기부 주체가 기록된다. 오너 회장이나 대표가 기업의 대표성을 갖고 있기 때문이다. 그러나 오너가 개인 재산으로 기부하는 경우는 매우 드물 것이다. 기업이 기부하는 재원은 대부분 회삿돈일 것이다. 다시 말해 회사가 창출한 수익, 결국 회사 임직원 모두의 땀과 노력의 결실일 것이다. 나아가 많은 협력 업체와 납품업체 들이 협력한 결과고, 더 나아가 고객들이 기업을 사랑하고 제품을 애호해 준 결과일 것이다.

공개적으로는 회장 대표이사 ○○○으로 기부 주체가 기록되지만, 그 뒤에는 언제나 임직원 일동이 있다는 것을 많은 사람이 알아주었으면 한다. 회사에서 열심히 일하는 임직원들의 정성이 모여 지역사회와 단체, 불우이웃은 물론 오너가 개인적으로 관계하는 단체에까지도 기부의 힘이 보태지는 것임을 많은 이가 진심으로 이해해 주었으면 좋겠다.

회장님 회장님 우리 회장님 "딸랑 딸랑~"

어느 날 오너 M에게서 느닷없는 전화를 받았다. 그날 막 해외 출장에서 귀국한 M이 공항에 마중 나오지 않았다고 엄청 화를 내는 것이었다. 상당히 오랜 시간 야단을 맞았다. 처음부터 끝까지 죄송하다는 말만 되풀이할 수밖에 없었다. 주요 임원이었고, 여행도 아닌 비즈니스 출장에서 돌아오는 오너를 마중 나와서 그간의 중요 사안을 대면 보고해야 하지 않느냐는 말이 틀리지 않기에 원망스러운 마음은 들지 않았다. 다만 너무 과하게 언짢은 기색이라 헛웃음이 나왔다. 그러한 의전 관례에 대해서는 전혀 들은 바가 없었다. 전임자나 비서실에서는 왜 이에 대해 한마디도 없었을까. 너무도 당연한 것을 내가 몰랐던 것일까.

이후에는 꼬박꼬박 공항에 나가 마중 인사를 했으며 업무 보고도 했다. 짧게는 10~20분, 길게는 한 시간여 동안 공항 카페나 일반 대기석에 앉아 보고했다. 그런데 뭔가 중요 사안의 대처가 미흡했다는 생각이 들거나 무언가 마음에 들지 않을 때면, 놀랍게도 M은 반쯤 일어나 팔을 쳐들고 나를 때리려 하는 포즈를 취하는 것이었다. 여간 당황스럽고 송구스러운 게 아니었다. 주변의 시선들이 말도 못 하게 창피하기도 했다. 이후, 유사한 경험을 한 다른 임원과 이런 우스갯소리를 나누기도 했다.

"주변 사람들이 어떻게 생각했을까?"

"돈 빌린 놈과 돈 내놓으라는 빚쟁이 관계인가 했겠지."

한번은 M이 가족들과 해외여행을 갔다가 귀국하는 날인데, 나가야 할지 말아야 할지 고민이 많았다. 다른 임원 몇 분에게 의견을 물었다. "업무 출장이 아니고 가족 여행이니 안 나가는 것이 맞는다", "공항에 나가 봐야 가족들도 다 있고 하니 오히려 오너께서 민망해할 것이다"라는 의견이 대부분이었다. 그럼에도 확신이 안 서, 비서에게도 묻고 집사람에게도 의견을 묻고서야 안 나가는 것으로 생각을 굳혔다. 그날 하루가 저물고 집에서 아내와 저녁 식사를 막 시작하려는 참이었다. M에게서 전화가 왔다. 공항에 왜 안 나왔느냐고 야단을 치는 통에 근 한 시간 가까이 시달렸다. 옆에서 지켜보던 집사람이 사색이 되어 눈물을 흘리기 일보 직전이었다.

이후로 M과 관련하여 애매한 의사결정을 해야 할 때면 지나치다 싶을 만큼 안전하게, 내 몸이 좀 더 고생하는 쪽으로 자연스럽게 판단했다. 의전은 중요하다. 어떠한 조직이라도 윗사람에게는 필요한 예를 갖추어야 한다고 생각한다. 그러나 폭력 조직이나 군대도 아니고, 너무 과한 권력 행사는 오히려 충성심을 약화시킬 뿐 아니라 인간 대 인간의 근본적인 신뢰 관계를 해칠 수 있다는 아쉬움이 남는 경우였다.

임원을 해고하는 방식

임원이 회사를 그만두는 데에는 건강 악화, 저조한 업무 성과와 역량 미흡에 대한 자책, 대형 프로젝트의 실패, 전체 사업 저조로 인한 인력 감축 등등 다양한 사유가 있다. 더불어 오너와 코드가 맞지 않는 문제 역시 큰 비중을 차지한다.

사극 드라마를 보면, 제아무리 개국공신이라도 왕에게 반대하는 직언을 자주 한다든가 태자가 왕위를 물려받을 때 방해 요소가 될 것 같다든가 할 때 사정없이 숙청하여 태자에게 힘을 실어주는 장면이 나온다. 실제 기업에서도 이와 같은 사례가 종종 일어나곤 한다. 2세가 경영권을 물려받을 때면 오래된 임원들을 코드가 맞지 않는다는 이유로 정리하는 것이 실제 관행이다. 그러나 잘못된 부분을 지적한다든가 듣기 싫은 직언을 자주 한다고 해서 퇴사시키는 경우라면 어떠한 정당성도 확보할 수 없다.

2세를 위해 앞 세대 임원들을 퇴사시킨다 해도, 어떻게 내치는지 그 모양새가 중요하다. 퇴사한 임직원은 이후로 오랫동안 헌신한 회사에 원수처럼 등을 질 수도 있다. 반대로 여전히 회사를 사랑하는 고객이나 우호적인 주주가 될 수도 있다.

임원 N은 괴롭고 당황스러운 상황에서 퇴사를 당했다. 물론 그러기까지 엄청난 고통과 인간적인 멸시를 경험해야 했다. 처음에는 회의 등 공식 자리에서 정당하지 않은 업무적 트집을 잡히기 시작했다. 지금까지는 그런 경우가 없었건만, 오너 2세가 맡은 부서에서 해야 하는 업무임에도 하지 않고 미룬다며 난데없이 직무태만을 지적당했다. 정상적인 업무 처리도 괜한 트집을 잡아 여러 번 반복 보고하도록 만들었다. 부하 직원들조차 왜 저러는지 이해할 수 없다고 투덜거릴 정도였다. 수위는 갈수록 심해졌다. 요컨대 부서장들을 동반해 업무 보고를 들어갈 경우, 한 시간 넘도록 얼굴 한 번 쳐다보지 않으면서 투명인간 취급을 했다. 회식 자리에서는 '왜 네가 아직도 여기에 있냐'는 노골적인 눈빛을 주기도 했다.

회사에 오랜 세월 공헌했고 나름 성과도 거둔, 비교적 좋은 평가를 받아 온 N은 엄청난 고통 속에 고민할 수밖에 없다. 결국은 여차여차 몸도 안 좋고 장차 조직에 기여도 많이 못 할 것 같으니 지침을 주시면 따르겠다는 내용의 메일을 오너에게 보냈다. 그때서야 퇴직하라는 통보를 받았다. 이 회사의 오너는 자기 입으로는 퇴직하라는 말을 절대 하지 않고, 계속적으로 인간적 모멸감을 줌으로써 스스로 그만두겠다는 말을 하도록 만들었다. 이전에 퇴직을 강요당한 임원들의 경우도 대동소이했다.

어떠한 사유건, 오너면 오너답게 떳떳하고 정당하게 처리하는 것이 지극히 상식적인 일이다.

"지금까지 수고했어요. 인연이 여기까지인 것 같으니 잘 마무리하고, 다른 방안 등을 알아보는 것이 좋겠습니다."

이 정도로만 이야기해도 못 알아듣거나 반감을 가슴에 품을 사람이 별로 없을 것이다. 참으로 아쉬운 오너의 행동이다. 비겁하고 부덕하고 잔인하고 비인간적인 경우다. 떠나는 사람이나 떠나보내는 사람이나 아름다운 뒷모습은 평생을 마무리하는 보람이고 희망 아닐까.

무능한 임원

10여 년의 호황이 끝나고 전체적으로 장기 불황이 막 시작되던 즈음이었다. ○사는 관련 업계의 동종업체 가운데서 상태가 가장 안 좋았다. 과거 경제 성장기에는 규모도 있었고 업계에서도 비중이 큰 기업이었다. 그러나 경영환경 변화에 맞춘 사업 변신을 꾀하지 못했다. 비교적 최근에 시작한 사업은 약간의 수익을 내기도 했다. 그러나 이마저도 시장의 변화를 따라가지 못했고, 결국 수년 전부터 적자를 내는 경영 악화 상황이 진행 중이었다. 제조원가는 경쟁사의 15만 원 선보다 크게 높은 18만 원대로 20퍼센트 이상 원가 경쟁력이 없었으며, 전체 시장의 40퍼센트 이상을 점유하는 고수익성 친환경제품을 생산하지도 못했다. 설비는 노후화에 대비한 유지보수 관리가 제대로 되지 않았고, 업무는 체계나 짜임새가 없어 곳곳에 누수 현상이 만연해 있었다. 오랫동안 주인 없는 회사처럼 경영되어 전체적으로 직원들이 최소한의 업무만을 수행하면서 하루하루 살아가는 수준이었다. 기본적으로 업무 수준 자체가 극히 낮았고, 직원들의 교육이 제대로 이루어지지 않았다. 업무 프로세스와 시스템 역시 정비되지 않았다. 이러한 상태가 수년째 반복되며 회사는 갈수록 경쟁력을 상실했고 이는 수년간의 적자로 이어졌다. 더 큰 문제는, 그러다 보니 KS 품질 미달, 환경 사고, 유해 물질 불법 처리 등 일련의 치명적인 사건들이 줄지어 발생했다는 점이다.

어느 회사건 임원의 역할은 대단히 중요하다. 더욱이 사업 단위(Business Unit)를 총괄 경영하는 경영 책임자의 역할은 거의 절대적이다. 근무하는 임직원 전부와 그들의 가족, 협력 업체와 고객 회사 등 모두의 생명 줄을 쥐고 있다고 해도 과언이 아니다. 그러나 당시 경영을 맡은 임원 P의 관리 방식에는 많은 문제가 있었다. 그리하여 회사는 위에 언급한 내용처럼 상태가 매우 좋지 못함에도 변화와 혁신은커녕 일상적인 개선 활동도 거의 시도하지 않았다. 한마디로 복지부동의 우물 안 개구리였다.

일반적으로 기업 임원(사업 단위 책임자)은 사업의 지속적 발전과 수익의 창출은 물론 조직의 업무 프로세스와 시스템을 지속적으로 개선, 선진화하는 노력을 해야 한다. 또 각각의 단위 업무에 방향성을 제시하고, 개별 업무 단위 리더들을 육성하여 성과를 내도록 유도하며, 미래지향적인 조직문화가 뿌리내리도록 노력해야 한다.

그러나 P가 온종일 하는 일이라고는 일일 아침 운영 회의에 20~30분 참석하여 전일 오퍼레이팅에 대한 부서별 내용을 보고받는 게 거의 전부였다. 상황에 따른 어떠한 의견 제안도, 과제 부여 등도 하지 않았다. 월 단중기 아젠다 검토도 토의 제안도 하지 않았다. 장기 구조적 전략이나 비전 제시 등도 없었다. 회사가 상당히 심각한 상태였음에도 이를 극복하려는 고민은 전무했다. 어쩌면 이에 대해 인식 자체를 못 하고 있었다는 게 맞는 표현이겠다. 부서장들이라도 알아서 잘해 주면 좋으련만 그 역시 아니었다. 오랫동안 주인 없는 회사 문화 속에서 최소한의 할 일만 해 온 그들 역시 무능하긴 마찬가지로, 일하는 방법조차 제대로 교육받지 못한 상태였다. 부서장들만으로는 한계가 분명했음에도 경영자의 솔선수범하는 개선 노력은 찾아볼 수 없는 상황. 오랜 역사와 과거 한때의 호황기가 무색한 현실. 그러나 사태의 심각함을 누구도 인식 못 하는 분위기였다.

아마도 P는 임원으로서 자리만 유지하면 그만이라고 안일하게 생각했을 것이다. 현실의 위기를 타개할 해결 방안을 모색하고 추진하는 일은 실무 직원들의 몫이라고 생각했을지도 모른다. 그렇다면 직원들을 육성하고 필요한 인재를 영입하는 데에는 열심이었을까. 아니, 오히려 인재 영입을 강력히 반대했다.

○사를 살리고 경영환경을 개선하고자 큰 폭으로 개혁과 변화를 해 나갔다. 먼저 기술 도입을 추진하여 친환경제품 생산을 가능하게 했으며, 생산 효율을 꾀하여 큰 폭으로 제조원가를 절감했다. 나아가 우수 인력을 영입하여 영업력을 대폭 강화하고, 누수가 만연했던 경영 곳곳에 전반적으로 관리를 개선하여 하나하나 정상화해 나갔다. 이러한 노력으로 얼마 지나지 않아 업계에 놀라운 바람을 일으키며 수익이 급속히 개선되었다.

이후에 P는 본사로 자리를 옮겨 총괄이라는 직위를 신설, 경영임원들 위에 존재하는 옥상옥屋上屋의 자리를 만들었다. 그러나 직원의 고질적인 리베이트 수수, 원가계산 부정으로 인한 100억 원 상당의 가공이익 계상 등 부실화를 사전에 감지하지도 못했다. 이뿐만 아니라 어떠한 책임도 지지 않았다. P는 자기 주변에 아첨만을 일삼는 임직원들이 넘쳐난다는 사실을, 본인이 무능하다는 사실을 꿈에도 생각 못 하는 것 같았다.

"P는 아침에 출근해서 집무실에 들어가면 하루에 정확히 두 번 나타났다. 밥 먹을 때 한 번, 퇴근할 때 한 번."

P에 대한 직원들의 평가다. 할 일은 하지 않고, 무능하게 자리만 차지하고 앉아 수억 원의 연봉과 각종 혜택을 다 누리는 임원이라는 존재. 대한민국의 많은 중소중견기업에서 흔히 볼 수 있는 모습일지 모른다. 일반 경영 임원의 경우, 사태가 이러하다면 오너가 즉시 해임할 것이다. 그러나 오너 임원인 경우에는 대안이 없다. 무능한 사기업 오너들의 대를 이은 자동 경영 승계. 임원 자리에 이름만 올려놓고 경제적 부를 누리는 방만함이야말로 오너 경영의 극단적 폐해다. 국가경제를 위해서라도 바로잡아야 하는 고질적 아집과 병폐다.

30억 원짜리 신문광고

중견 제조업체 R사는 당시 정부의 연간 정책 지원사업 덕분에 제품의 수요가 2배 이상 증대한 상황이었다. 회사의 성장과 수익성 증대로 엄청난 호황을 맞던 시기였다. 다만 같은 공단 내에 있던 후발 동종업체 S사의 공격적인 판촉과 무모한 가격할인 정책 등이 걸림돌이었다. 그로 인해 정당하게 기대되는 수익을 실현하는 것이 쉽지 않았다. 과열 경쟁의 조짐마저 보였다. R사는 당연히 S사를 의식하지 않을 수 없었고, 이후 1년여 동안 S사의 전반적인 부분을 조사 분석했다. 오너 회장의 이력과 성향과 재산, 사업에서 절대적으로 중요한 판매망, 사후 봉사조직 구조, 인력과 인건비 수준, 재무 상태 등을 종합적으로 분석했다.

그리고 다가온 연말, R사가 신문 1면 하단에 5단 광고를 게재했다. 보내 주신 성원에 보답하고자 내년에는 제품 가격을 동결하겠다는, 아주 단순한 광고였다. 당시 해당 제품의 매출이 600억 원 수준이었으니 인상할 수 있었던 가격 5퍼센트에 상응하는 금액은 30억 원에 달했다. 신문 광고료는 1천만 원 수준이었으나 실제는 30억 원짜리 광고였던 셈이다. 그런데 이 광고의 효과는 엄청났다. 1년 만에 후발 S사가 부도를 내고 만 것이다. R사가 가격을 동결하니 S사 역시 무리하게 가격을 동결할 수밖에 없었고, 이것이 엄청난 부담으로 작용했다. 그러잖아도 무리한 홍보 판촉 활동과 가격 할인 경쟁, 다소 방만한 경영을 해 온 S사는 그로 인해 재정 상태가 그다지 좋지 않았는데, 가격마저 동결되자 재무 상태와 현금 흐름에 문제가 생긴 것이다. 이후 몇 차례 주인이 바뀌면서 운영을 이어 가는 듯했으나 결국은 도산하고 말았다.

제품 수요자 입장에서는 공급업체가 다수인 경쟁 상황이 가격과 서비스 측면에서 행복한 일이다. 그러나 업체의 입장은 다르다. 치열한 경쟁 상황에서 벗어나 명실공히 중견기업으로 도약하려면 뼈를 깎는 노력과 희생이 필요하다. 이 과정에서 R사 오너

사장의 치밀하고 공격적인 성향이 큰 역할을 했다. 오너의 사업 열정과 의지, 경쟁 우위를 점유하려는 전략이 회사의 미래를 성공으로 이끌었던 사례다. 꾸준하게 성실하게 노력을 경주하여 내실을 다지고 결정적인 순간이 다가왔을 때 내미는 신의 한 수가 회사의 운명을 좌우할 수 있다.

전 직원 사원아파트를 꿈꾸다

'회사 대표가 되면 전 직원에게 무상 임대할 수 있는 아파트를 지어서 운영하고 싶다'는 생각을 오래전부터 했었다. 실은 많은 회사가 사원아파트를 갖추고 운영 중이다. 그러나 보통 생산직 사원들에게 국한되며 공장 지역에 집중적으로 지어지는 편이다. 그 숫자도 턱없이 부족한 것이 현실이다. 도시 근무 사무직 직원들에게 사원아파트는 거의 불가능하다는 의미다.

월급쟁이들에게 집은 삶의 목표와도 같다. 집 한 채 때문에 웃고 울고 별의별 일이 다 생긴다. 서울 사는 월급쟁이가 몇 평짜리 집을 사려면 한 푼도 안 쓰고 몇 년을 저축해야 한다는 말은 어제오늘 이야기가 아니다. 누군가 집을 사서 입주한다기에 축하 인사를 전하면 "내 집 아니고 은행 집이야"라는 자조적 농담이 돌아온다. 월급 받아 은행에 이자 내고 나면 생활비가 항상 쪼들리기 마련이다. 그래서 맞벌이는 선택 아닌 필수가 되었다.

월급이 적더라도 집에 돈이 들어가지 않는다면 그나마 숨을 돌릴 수 있다. 아껴 가며 저축하며 미래를 꿈꿀 수도 있다. 그럴 형편이 아니라면 집 한 채 장만해 줄 만큼 부유한 집의 배우자를 만나야 할 것이다. 아니면 열심히 돈을 모아 작은 아파트라도 장만하고는 40대 중반이 넘어 결혼하든가 말이다. 가슴 아픈 세대다.

공단 지역에 위치한 회사지만 그래도 꽤 넓은 땅을 보유하고 있었다. 그래서 궁리해 보았다. 공장 지역에 근무하는 직원 수가 600여 명 정도 되니 20층 아파트를 다섯 동만 건설하면 된다. 건설비가 얼마쯤 들고 전체를 빌트인으로 하면 그 비용이 얼마쯤 되고. 세 종류 평수로 지은 다음 가족 수에 맞게 지원을 받아서 재직 기간 동안 무상으로 살 수 있게 한다. 이미 집이 있는 직원이라면 타 지역 근무 직원들에게 양도할 수도 있고. 그런데 서울과 수도권에서 근무하는 직원은 어떻게 한담. 사원아파트를 짓는다고 그 비싼 땅을 사들일 수도 없고. 상상만으로 그쳤지만 달콤한 꿈이었다.

서울과 지방의 대기업과 중견기업 등 4개 회사에서 근무했는데 사원아파트를 보유한 회사는 두 곳이었다. 전체 직원이 500명 정도였는데 아파트 95세대에 차입 건설비의 이자 충당 명목으로 보증금을 6백만 원씩 내야 했다. 오래된 저층아파트였지만 그래도 직원들에게는 많은 도움이 되었다.

"월급도 많이 못 주고, 내가 다른 복지는 몰라도 집만큼은 지어서 살게 해야겠어요."

창업주 회장의 단순하지만 훌륭한 의지에서 시작된 복지였다.

오너 기업, 3대까지가 한계

대부분의 사기업에서 오너 경영 승계는 당연한 현실이다. 내가 처음에 근무했던 재벌 대기업은 그룹 전체가 오너 3세에 승계되었고 사업자 회사들은 전문경영인이 맡아서 경영하는 체제였다. 이후에 근무하게 된 대기업과 중견기업 세 곳 역시 모두 오너 2, 3세들이 경영을 이어받는 오너 승계 기업이었다. 우리나라 기업계의 자연스러운 현상인 것 같다. 이러하니 상속이나 증여 등 세금 문제와 오너들의 자질 문제 등이 지속적으로 거론될 수밖에 없는 현실이다.

1950년대 이전에 사업을 시작한 1세대 기업인은 갖은 어려움을 딛고 창업한 사람들이다. 해방과 한국전쟁을 겪은 이후 1960년대부터 조금씩 회사의 모습을 갖추어 갔다. 이후에 경영을 맡은 2세대는 1970~1980년대 고도 성장기에 회사를 성장·발전시켜 어느 정도 부를 축적했고, 3세대를 어려서부터 미국 등으로 유학 보내고 풍족한 생활을 보장해 주었다. 졸업 후에는 부모의 회사에 들어가 일하다가 적당한 시기에 이어받는 식의 전통이 이어졌다. 그러니 3세대는 회사가 어떻게 성장해 왔는지 제대로 알지 못한다. 1세대 조부모와 2세대 부모가 어떤 어려움을 어떻게 딛고 회사를 일구었는지 말로는 전해 들었겠지만 피부로는 느끼지 못한다. 하여 자신이 물려받은 사업을 깊이 이해하거나 기업가 정신을 갖기가 쉽지 않다. 더욱이 자신이 임직원들과는 근본적으로 다른 오너 출신임을 태어날 때부터 교육받아 왔기에 직원들과 문화적·정서적 교류 등이 현실적으로 불가능하다. 별다른 실무 경험이 없음에도 통상 간부나 임원으로 입사하여 단기간에 초고속으로 승진하면서 회사를 운영하게 되니, 같이 일하는 임직원들과의 정서적 교감이 부족할 수밖에 없다. 그리하여 임직원들을 하인 부리듯이 하는 경우도 적지 않다. 좋은 사람들이 옆에 남아나기 쉽지 않은 환경이다. 물려받은 오너가 자기 업무에 최선으로 집중하지 않으니 곁에서 지켜보는 임직원들로서도 동기부여가 될 리 없다. 신입 사원으로 입사하여 부장이 되기까지 통상 15년에서 18년이 소요된다. 서른 살도 채 되지 않은 오너 3세가 바로 부장이나 이사로 입사한다면 직원들이 겪는 박탈감이 어떠하겠는가.

지난 시절 국가경제 발전을 견인해 온 제조업은 업무 분야가 다양하고 넓으며 노동조합, 산업재해 등등의 골치 아픈 일들이 많다. 그래서 오너 3세들의 경우 제조업의 확장이나 유지에는 소극적이고, 반면에 비교적 쉽다고 생각되는 무역이나 유통 등에 관심을 갖는 경우가 많다. 더욱이 오너로서 경영 실권을 갖고 모든 의사결정을 하고 있음에도 수익 회사의 대표를 맡지 않으려는 경향도 보인다. 사업을 하면서 발생할 수 있는 환경, 안전 문제 등의 법적 리스크를 지지 않으려는 속셈이다. 더욱 문제는 앞서 언급했듯 후계자의 개인 자질이 미흡하고 업에 대한 애정과 의지가 부족하다는 점이다.

이러하다면 기업의 미래는 더더욱 기대하기 어렵다. 개인 사기업이 3대, 4대, 5대까지 역사를 이어 가지 못하는 이유가 여기에 있을 것이다.

물론 집과 학교에서 열심히 경영 수업을 받았을 것이다. 2세대 부모에게서도 특별한 것들을 많이 배웠을 것이다. 그러나 중요한 것은 본인의 능력이요, 적극적인 의지이며 자질이다. 오너의 자식이 처음 입사할 때의 직위는 어느 정도가 적당할지, 실적 평가는 누가 어떻게 할지, 경영 실권은 언제쯤 갖는 것이 적절할지 그 해답을 찾아야 할 때다.

"30년 넘게 회사 생활을 했는데 지금까지 단 하루도 휴가를 못가 봤어. 왜? 아버지가 안 가시니까."

모 그룹 회장이 대학 동기 모임에 나와서 했다는 말이다. 경영
권이 3대를 넘어 4대까지 이어지면서도 거대 재벌 그룹의 사업이
계속 유지되며 인정을 받는 이유를 짐작할 수 있는 대목이다.

아래는 관련해서 참고가 될 만한 기사 두 꼭지다.

재벌 3세가 훌륭한 리더 못 되는 이유

2016년 5월《하버드 비즈니스 리뷰Harvard Business Review》에
는 부잣집에서 자란 아이가 커서 훌륭한 리더가 되지 못한다는
아주 흥미로운 논문이 발표됐다. 논문 제목은 「부잣집 자식은 더
욱 자기도취적인 리더가 된다(Growing Up Wealthy Makes Leaders
More Narcissistic)」였다.

션 마틴Sean Martin 보스턴칼리지 경영학 교수와 스테펀 코
트Stephane Cote 토론토대학 경영학 교수, 토드 우드러프Todd
Woodruff 웨스트포인트 리더십 주임 대령 등 3명의 공동 연
구자는 이 논문에서 "부잣집에서 자란 아이들은 자기도취성
(narcissism)이 강한 어른으로 자라기 쉽기 때문에 조직을 이끄는
훌륭한 리더가 되지 못한다"고 지적했다. 이는 소위 금수저를 물
고 태어난 부잣집 자식은 자라면서 여러 가지 면에서 특혜를 받
으며 남들보다 한발 앞서 나갈 수 있다는 일반적인 믿음에 찬물

을 끼얹는 주장이었다.

　자기도취가 심한 사람들의 특성은 자기중심적인 생각이 강하고 충동적이며 타인에 대한 배려가 적다는 점이다. 그리고 자기도취가 강한 사람은 관계와 업무, 변화를 효과적으로 이끄는 데 필요한 리더십이 부족하다. 예를 들어, 훌륭한 리더는 조직원에 대한 배려심을 가져야 하고 그들의 걱정을 함께 나눌 줄 알아야 한다. 그런데 자기도취가 강한 사람은 타인에 대한 배려가 부족하다. 업무와 조직에 대한 통제도 약하고 무엇보다 조직 내의 서로 다른 의견을 공유하고 전달하며 혁신을 이끌어 내는 능력이 떨어진다.

　그렇다면 부잣집에서 자란 아이는 왜 자기도취가 강한 어른으로 크는 걸까? 3명의 연구자들은 부잣집에서 자란 아이는 독립성이 강하기 때문이라고 지적한다. 독립성이 강한 이들은 자신이 남들보다 재능이 뛰어나거나 특별하다는 믿음을 갖기 쉽다. 따라서 타인의 도움이나 의견 등을 요구하지 않거나 필요 없다고 생각하기 마련이다. 또한 부잣집에서 자란 아이들은 타인에 대한 배려나 동정심이 낮고 타인에게 도움을 주려는 경향이 낮다. 결국 부잣집 자식들은 독립성이 강하고 남보다는 자기를 우선하고 자신이 특별하다고 여기면서 자라기 때문에 커서 자기도취가 강한 어른이 되기 십상이다.

　지금 우리나라 경제와 기업을 걱정하는 많은 사람들이 재벌 3

세의 경영 능력에 대해 의문을 품고 있다. 창업자가 보여 준 뛰어
난 리더십과 경영 능력을 재벌 3세에게선 도저히 찾아볼 수 없다
고 한탄한다.

위 연구는 우리나라 재벌 3세들이 왜 창업자에 비해 리더십이
부족한지를 잘 설명해 준다. 부자 중의 부자인 재벌가에서 자랐
으니 자기도취성도 최고로 강할 테고 따라서 대기업을 효과적으
로 이끌 리더십이나 경영 능력이 부족할 수밖에 없다. 따라서 우
리나라 재벌가는 앞으로 자식 교육만큼은 부잣집 자식처럼이 아
니라 가난하게 시킬 것을 고려해 봐야 한다. 그래야 자식들이 커
서 대기업을 이끌 훌륭한 CEO로 자랄 수 있다.

《머니투데이》 (이코노미스트실, 2018. 04. 16.)

박수, 퇴임식, 오너 승계 없이… 조용히 물러난 풀무원 대표

남승우(66) 풀무원 총괄 최고경영자(CEO)가 지난해 12월 31일
자로 자리에서 물러났다. 임직원들의 박수갈채도, 공식적인 퇴임
행사도 없었다. "65세 연말에 사직서를 내겠다"는 평소 약속처럼
지난달 28일 전자결재시스템을 통해 사직서를 제출했다. 풀무원
사외이사들이 남 전 총괄CEO에게 감사패를 전달한 게 퇴임식
의 전부였다.

사외이사들은 "스스로 정년을 정해 은퇴를 선언하고 실행한 건

국내 기업사에 남을 새로운 이정표"라며 "한결같은 정신과 맑은 미소를 잊지 않겠다"고 감사패에 적었다.

남 전 풀무원 총괄CEO는 인터뷰에서 "고령이 되어서도 잘할 수 있다고 하는 건 본인의 착각일 뿐"이라며 "정치인들은 그 나이에도 할 수 있겠지만, 경영자는 업무량이 과중해 그 나이를 넘기면 기업 경영을 하기가 어렵다고 생각한다"고 말했다. 그러면서 "글로벌기업 경영자들의 평균 은퇴 나이가 65세인데 나이가 들면 열정과 기민성, 기억력이 떨어질 수밖에 없다"고 덧붙였다.

풀무원은 이효율(61) 신임 대표를 후임 총괄CEO로 1일 선임했다. 이 대표는 1983년 사원 1호로 입사해 34년간 근속했다. 이는 풀무원이 올해부터 오너 경영에서 전문경영인 체제로 전환되는 것을 의미한다. 남 전 총괄CEO는 슬하에 1남 2녀를 두고 있다. 장남인 남성윤 씨는 풀무원USA 마케팅 팀장으로 일하고 있다.

남 전 총괄CEO는 전문경영인 체제 전환에 대해 "풀무원은 개인회사가 아니라 주식시장에 상장한 기업"이라며 "개인 기업은 오너 승계냐 전문경영인 승계냐를 두고 이슈가 될 수 있겠지만, 상장기업은 전문경영인 승계로 답이 정해져 있다"고 말했다. 그는 이어 "상장기업은 퍼블릭 컴퍼니(공적 기업)의 성격이 있다"며 "이 문제로 고민할 이유가 없다. 상장기업을 하면서 가족에게 경영권을 승계시키려고 하니까 문제가 생기는 것이다"고 덧붙였다.

풀무원의 뿌리는 서울대 친구인 원혜영 더불어민주당 의원의 아버지 고故 원경선 씨가 만든 풀무원농장이다. 현대건설에서 일하던 남 전 총괄CEO는 원 의원의 권유로 1984년 풀무원에 투자하며 경영에 나섰다. 1984년 창사 첫해 10여 명으로 시작한 풀무원은 지난해 연말 기준 직원 1만 명을 둔 회사로 성장했다. 2016년 매출은 2조 306억 원이다.

남 전 총괄CEO는 "주부 사원인 헬스 어드바이저를 모아 교육해 건강기능식품 방문 판매 사업을 시작한 게 풀무원의 성장을 이루는 든든한 밑거름이 됐다"고 말했다. 건강기능식품에 대한 개념이 없던 국내 시장에 새로운 비즈니스 모델을 만든 것이다. 풀무원은 2000년 식음료 서비스 사업에 뛰어들면서 사세를 키웠다.

남 전 총괄CEO는 "IMF 직후 단체급식 사업을 하는 한솔의 씨엠디를 인수해 푸드 서비스업에 진출한 것도 잘한 일 중 하나"라며 "매출 5,000억 원의 성과를 내고 있는데 굉장히 성공한 사례"라고 말했다.

풀무원은 새로운 시도를 이어 온 기업으로 꼽힌다. 회사 주주총회가 대표적이다. 풀무원 주총은 토크쇼 형태로 진행되는데 남 전 총괄CEO는 주주들의 질문에 일일이 답하고, 주총이 끝난 뒤에는 주주들에게 풀무원 제품으로 만든 음식을 대접한다. 워런

버핏의 바비큐 주주총회와 비슷하다. 풀무원은 2005년 일본 전통 발효식품 낫토를 출시했다. 남 전 총괄CEO는 "낫토 불모지인 한국에 제품을 출시한 건 한국인의 장 건강을 위해서였다"며 "특유의 냄새를 줄이고 일본과 달리 맛을 부드럽게 순화시킨 한국식 낫토를 만들었다"고 말했다. 풀무원은 국내 낫토 시장의 84%를 차지하고 있다.

은퇴 1년 전부터 스마트폰을 활용한 영화 예매법 등을 익히고 있다는 그는 풀무원 이사회 의장 겸 상근고문을 맡을 계획이다. 보유하고 있는 풀무원 지분 217만 주(풀무원 전체 지분의 57.3%) 중 38만 주를 성실 공익법인으로 지정된 풀무원재단에 기부할 예정이다.

"이사회가 있을 때만 회사에 나올 계획이라 1년에 4~5번 정도가 될 것 같아요. 풀무원이 설립한 연구재단에서 인간의 본성이나 생명의 기원 등을 주제로 공부하려고 합니다."

《중앙일보》(강기헌 기자, 2018. 01. 02.)

말레이시아와 베트남

2000년대 중반이다. 목재 관련 업계 임원들과 협회 회의를 위해 해외 출장을 나갔다가 단체로 말레이시아를 방문했었다. 하루는 회사 소유의 현지 법인을 방문했고 또 하루는 말레이시아를 이해하기 위해 일반 관광에 나섰다.

"말레이시아는 신의 축복을 받은 나라다."

당시에 안내를 맡았던 가이드의 한마디가 기억에 남는다. 가이드가 밝힌 이유는 세 가지였다. 첫째는 일 년 내내 여름이라는 것. 덥기는 하지만 일 년 내내 여름이라 열대 과일 등 먹을거리가 풍부하여 굶어 죽거나 얼어 죽는 사람이 없다는 것이다. 두 번째, 천연자원이 풍부하다는 것. 학창 시절에 배운 것처럼 고무, 주석 등이 세계 1등일 정도로 풍부하고 석유도 난다고 한다. 생산되는 석유는 품질도 좋아서, 자국에서 생산되는 석유는 전량을 값비싼 항공유 등으로 수출하고 자국민이 소비하는 석유는 전량 수입해서 사용하니 그 차액이 엄청나다는 것이다. 세 번째는 자연재해가 거의 없다는 것. 아주 가끔 태풍 정도가 있을 뿐 지진이나 그 밖의 자연재해가 없어 살기가 좋다는 이야기다. 지진으로 인한 쓰나미는 인도네시아가 앞에서 방파제 역할을 하여 다 막아 준다고 한다. 먹을 것이 풍부하고 나라에 부존자원이 많으며 재해가 없으니 참으로 살기 좋은, 발전할 가능성이 무궁무진한 나라라는 생각이 들었다.

이후에 베트남에서 3년 가까이 회사 생활을 했다. 베트남도 말레이시아처럼 신의 축복을 받은 환경의 나라였다. 일 년 내내 여름이라 과일 등이 풍부하고, 굶거나 추위에 얼어 죽는 사람이 없었으며, 쌀은 세계에서 태국 다음으로 많이 생산되어 식량 걱정이 없었다. 고무 등 자원이 풍부하고 석유도 매장량으로 세계 40위권 정도 된다고 했다. 내가 생활할 당시에 중부지방에 태풍이 오긴 했지만 그다지 큰 자연재해는 없는 것 같았다.

이처럼 두 나라가 유사한 환경인데 어째서 경제적인 차이가 나는 것일까. 2000년 중반 말레이시아의 1인당 국민소득은 6,000달러 수준이었다. 반면에 베트남은 1,000달러 내외의 UN 선정 최빈국의 하나였다(최근 수치로도 말레이시아는 13,000달러, 베트남은 4,000달러 정도). 더욱이 내가 보기에, 말레이시아 국민들은 그다지 근면하거나 부지런하다고 느껴지지 않았지만, 베트남 국민은 새벽부터 활동을 시작하는 등 대단히 부지런한 모습이었다. 그래서 더욱 이상하다는 생각이 들었다.

내 나름대로 생각한 답은 이렇다.

첫째, 나라가 경제적으로 발전하려면 경제성장을 최우선의 목표로 전 국민이 단합하고 허리띠를 졸라매게 만드는 리더십이 필요하다. 정치적인 부분은 제외하더라도 한국에는 박정희 대통령이라는 리더가 있었으며, 말레이시아에는 박정희보다 더 길게 장기 집권을 하면서 경제성장을 주도한 의사 출신의 마하티르 수상이 있었다. 그런데 베트남은 전쟁 이후 이러한 걸출한 리더가 없었다. 전쟁 기간에 대단한 리더십을 발휘한 호찌민과 같은 사람이 경제를 이끌었다면 아마도 베트남이 현재와는 비교가 되지 않을 정도로 발전했을지 모른다.

둘째, 한국이나 말레이시아는 자유민주주의 국가로서 자유시장 경제체제의 성장 환경이 만들어졌지만, 베트남은 사회주의 국가로서 자유시장 경제체제와는 거리가 멀었다. 또 공산당 기득권층에 의한 부정부패가 사회에 극도로 만연하여 더더욱 발전과 성장을 저해하지 않았나 싶다. 베트남도 최근에는 많은 해외 기업을 유치하는 등 경제발전을 위해 노력하고 있다. 그러나 부존자원을 이용하여 해외 기업을 유치하는 경우가 대부분이다. 자국 기업은 몇몇 되지 않으며 그것도 주로 1차 산업에 한정되어 있고, 제조업이나 중화학공업 등은 외국 기업에 의해 주도되는 실정이다.

결국 국가의 흥망성쇠는 부존자원이나 자연환경보다는 경제성장을 강력하게 이끌어 가는 리더의 존재, 이를 뒷받침할 경제체제와 국가 운영 시스템의 존재가 관건 아닐까 생각해 본다.

여기서 국가를 회사로 생각한다면, 경제성장을 강력하게 이끌어 가는 리더는 오너와 주요 경영 임원으로 볼 수 있을 것이다. 또한 경제체제와 국가 운영 시스템은 기업의 효율적인 프로세스와 경쟁력 있는 조직문화로 볼 수 있을 것이다.

3. 운영 1

열심히 그러나 현명하게

상무의 신상 PC, 대리의 리퍼 PC

조직 내의 직급이 올라갈수록 책상이 커지고 의자 등받이가 높아진다. 회사마다 차이가 있고 예전과는 많이 달라졌지만 아직도 이러한 현상이 존재한다. 직급이 높아질수록 책상과 의자가 커지고 업무 공간도 넓어진다. 위치도 독립적으로, 주로 사무실 뒷자리에 배치받는다. 노트북이나 데스크톱 등도 가장 좋은 신제품으로 대체된다. 직급이 높을수록 살펴야 할 참고 자료가 많아지고 동시에 여러 일을 하다 보니 자연히 책상에 놓이는 컴퓨터의 성능도 더 좋아져야 할 것이다. 여기에 직급에 대한 예우와 권위 등이 반영되었음을 인정하지 않을 수는 없지만 말이다.

더욱이 임원이 되면 크든 작든 임원실을 따로 사용하든가 적어도 칸막이를 쳐서 일반 직원들과 공간을 구분한다. 직원들을 불러 대화할 수 있도록 별도의 회의용 테이블을 두기도 한다.

당연한 듯 이어져 온, 그러나 고민해 보아야 하는 문화다.

첫째, 이를 위해서는 개인 급여 외의 간접비용(원가)이 필수적으로 발생한다. 비용 대비 효과를 고려해야 한다.

둘째, 최상의 업무 생산성과 개개인에 대한 공간 배치의 독립성 등 사이에 얼마나 유의미한 관련성이 있는지 고려해야 한다.

공간과 비품 모두 회사에서 할당받아서 사용하는 가치다. 따라서 직급이 높아질수록 비품의 수와 종류, 크기 등에 있어 더 많은 비용을 회사가 부담하는 셈이다. 감가상각 비용까지 반영할 경우 임원실 등 별도 공간을 유지하는 비용 역시 상당할 것이다. 임원실에 딸린 회의실, 캐비닛, 통로, 계단 등 공유 면적을 합하면 1인당 10평을 넘는 경우가 많다.

문제는, 위에서 지적했듯, 일반 직원보다 훨씬 많은 비품과 넓은 공간을 사용하는 임원이 비용 대비 얼마나 많은 성과를 내고 있는가 하는 것이다. 직급이 올라가면서 책상이 커지고 회의 탁자도 별도로 생기고 의자 역시도 좋은 것이 지급되는데, 안타깝게도 그만큼 업무가 질적·양적으로 확대되지 않아서, 책상 위가 늘 깨끗한 상태인 경우가 종종 있다. 뒤에 앉아 한가하게 PC 게임에 열중하든가, 심심해서인지 눈에 띄는 부하 직원을 불러 놓고 그다지 중요하지 않은 이야기로 시간을 때우는 경우도 많이 보게 된다.

그런가 하면 일반 직원들에게 할당된 책상과 파일 박스 등의 면적이 얼마나 될까. 과장 이하 대부분의 실무 직원은 아주 좁은, 자료와 업무 도구 등을 제대로 놓을 자리조차 없는 크기의 책상을 사용하곤 한다. 나 역시 책상과 책상 사이에 파일 박스를 두고 윗면을 넓혀서 사용했던 기억이 있다. "임원들의 책상이 큰 것은 신문을 쫙 펴 놓고 읽으라는 배려"라는 우스갯소리가 씁쓸해지는 대목이다.

실무 직원들은 거의 모든 업무를 PC로 처리한다. 수많은 데이터를 가공 처리하고 참고 자료를 얻고자 인터넷 검색 등을 수시로 한다. 이에 반해 뒷자리에 앉아 있는 간부들이 PC를 사용하는 시간과 빈도는 그보다 못한 것이 사실이다. 그럼에도 회사는 간부들에게 성능 좋은 신제품 PC를 지급하고 실무 직원들에게는 간부들이 사용하던 PC를 대물림해 주거나 보관하고 있던 중고 PC를 지급한다. 그러다 보니 실무자들은 PC의 용량 부족과 노후화로 잦은 고장에 시달리며 종종 데이터를 날려 애를 먹기도 한다. 업무 분장, 프로세스, 직위별 R&R 등이 정비되지 않은 중소중견기업에서 흔하게 볼 수 있는 장면이다. 최근에도 다음과 같은 고충을 털어놓는 직원과 상담을 나눈 적이 있다.

"종일 컴퓨터게임이나 하는 임원을 보면 애사심은커녕 업무 몰입도가 바닥을 칠 정도예요."

임직원 모두 본인이 사용하는 공간과 비품의 비용이 얼마인지를, 그 모두가 손익에 영향을 주는 비용과 원가라는 것을 인식해야 한다. 임원들의 경우는 더욱 그러해야 한다. 이러한 부분을 감안, 회사는 실무 직원들에게 배정하는 공간과 지급하는 비품 기준을 다시 한번 고려해야 한다. 특히 PC를 교체 지급하는 것에 상당히 인색했던 경우를 돌아봐야 한다. 100만 원짜리 PC를 3년간 사용한다면 한 달에 3만 원도 안 되는 비용이 발생한다. 그러나 이 PC 덕분에 업무 효율이 높아진다면 그 효과 비용은 3만 원보다 훨씬 클 것이다. 사실상 더 높은 비용은 PC 가격이 아니라 그것을 사용하는 직원의 인건비다. 가장 높은 비용이 들어가는 직원이 생산성을 최대한 높일 수 있도록 사소한 비용을 아끼지 말아야 한다.

사무 공간이나 재무적 여력이 비교적 적은 중소중견기업들은 인원에 비해 상당히 비좁은 공간을 사용할 수밖에 없다. 회의실 공간도 부족하여 원활한 업무 수행에 많은 제약을 받는 현실이다. 따라서 공간 활용과 가구 배치에 신중을 기해야 한다. 대표적인 형태로는 부서장 자리가 맨 뒤편에 있고 직급에 따라 뒤에서 앞사람 뒤통수를 바라보며 순차적으로 자리를 배치하는 '동향형'과 부서장 앞으로 두 줄을 내어 서로 마주보고 앉는 '대향형'이 있다. 여기에 더해 벽면을 향해 책상을 배치하고 가운데 공간에 회의 탁자를 두어 업무 협의를 할 수 있는, 연구 부서 등에 효과적인 '배면형'과 수시로 업무 협의가 필요한 TFT 등에 적합한 '십자형' 등이 있다. 이와 같은 다양한 공간 배치에 대해 궁리하여 공간 효율과 업무 몰입도를 올려야 한다. 최근에는 개인이나 부서의 업무 성격에 따라 공간 활용과 가구 배치를 달리하는 한편 개개인의 업무 몰입도와 생산성을 높이기 위한 맞춤형 설계 기술이 하나의 전문 영역으로 발전하고 있다. 전문 업체의 자문을 받아 보는 것도 좋다.

한 가지 더, 책상의 경우 다리와 상판만 있으면 기본적인 기능이 가능하지만, 의자의 경우는 그와 다르다. 특히 내근을 많이 하는 사무직의 경우, 업무 효율을 고려하고 개개인의 허리와 척추 건강을 보호하는 인체공학적 의자를 사용해야 한다.

처음 사무실을 방문했을 때, 공간 활용과 가구의 배치가 어떠한지, 사용하는 가구 등의 직급 간 차이가 너무 과하지 않은지, 의자는 직원들의 신체 건강을 보호하는 맞춤형을 사용하고 있는지 등을 보면 개략적인 회사의 수준까지를 파악할 수 있다.

과잉 충성이 빚은 MRO 오류

구매 업무와 관련된 사례 하나. 오너 경영자가 자신과 개인적으로 친분이 있는 MRO(maintenance유지 repair보수 and operation운영: 기업에서 제품 생산과 직접 관련된 원자재를 제외한 소모성 자재) 관련 A 업체를 소개했고 그렇게 거래가 시작되었다.

일반적으로 MRO란 기업에서 주요 원자재가 아니라 유지보수나 운영에 필요한 소모성 자재로, 비교적 저가이며 사용 수량은 많고 특별한 기술적·품질적 특성이 있지 않은 범용 자재를 의미한다. 일반적으로 사무용품, 청소용품, 공구, 기계 부품 등의 소모성 자재를 말하는데 최근에는 소액 설비와 서비스 등을 포함하는 개념으로까지 범위가 넓어지고 있다. 따라서 구매 담당자가 이를 하나하나 관리하거나 필요 시마다 비교견적을 받아 발주할 필요성은 크지 않다. 그렇기에 MRP(자재소요계획)로 관리하는 대신 이런 품목을 전문적으로 취급하는 MRO 업체와 단가 등 거래조건을 일괄 검토, 대체로 연간 계약에 의해 수시 입고되고 사용 또는 주문한 수량을 월별 정산하여 대금을 결제하곤 한다.

그런데 어찌 된 일인지 범용 MRO 품목이 아닌, 전문 업체가 제작하여 납품하는 설비 자재들의 상당수가 MRO 품목에 포함되어 거래되고 있었다. A 업체는 이러한 품목이 어떻게 생겼는지, 무슨 용도로 사용하는지, 단가가 어떻게 되는지 전혀 알지 못하고 있었다. 그 상태에서 페이퍼로만 거래가 일어나는 중이었다. 알고 보니 물품은 전문 제작업체가 회사로 직접 납품하고, 그 내역을 A

업체에 통보하고 계산서를 발행하고, A 업체는 여기에 마진만 부쳐서 회사에 계산서를 발행하고 있었다. 앉아서 3~4퍼센트의 마진만 또박또박 챙겨 먹었던 것이다. 어이없는 거래 형태였다. 큰 금액은 아니지만 회사는 월 수백만 원의 수수료를 쓸데없이 낭비하는 중이었다.

어떻게 이런 일이 생겼을까? 오너 경영자와 잘 아는 A 업체와 거래를 하려는데 금액이 얼마 되지 않았다. (MRO 품목이라는 게 품목은 많지만 범용 저가 소모성 자재라 금액이 크지 않은 특성이 있다. 그래서 통상 MRO 업체는 이러한 소소한 품목을 다수의 회사로부터 다량으로 취급하여 일정 수준의 금액을 만드는, 작은 마진들을 모아 회사의 이익을 형성하는 이른바 다품종 다거래 소량 판매를 주업으로 삼고 있다.) 그러다 보니 업무 담당자가 과잉 충성심을 발휘, 해당되지 않는 전문 품목들을 포함시켰던 모양이다. 더욱이 당시 구매 업무를 현장 사업장이 아니라 타 지역의 본사에서 일괄로 했고, 그래서 실물도 모르는 채 책상에서만 업무가 이루어졌다. 담당자는 직접 관리하는 품목이 줄어들었고, 업무가 편해지니 품목 수를 더욱 늘렸다.

A 업체로서는 생각보다 거래 규모가 커지고 이익도 많아지니 그저 감사했을 것이다. 참으로 어이없는 업무 오류였다. 업무 담당자의 업무 태만을 따져 물을 사안이었다. 회사는 필요치 않은 구매 비용을 추가로 지불했고, 그로 인해 제조원가가 높아져서 그

만큼 경쟁력도 상실하게 되었다. 구매 비용도 비용이지만 현장에서 사용하는 물건들의 품질, 성능, 단가 등 관련 업체와의 협업과 개선·개발 업무가 원천적으로 차단된 셈이었다.

A 업체 담당 이사, 사장과 함께 솔직하게 현상을 설명하고 앞으로 전문 품목들은 거래에서 제외하겠다고 이야기했다. A 업체는 오랫동안 회사의 배려로 많은 도움이 되었는데 거래 규모가 줄게 되어 걱정이라면서도 그동안 감사했다는 인사를 몇 번이나 했다. 결과적으로 해당 사업장에서만 월 7,000~8,000만 원에서 2,000~3,000만 원 수준으로 거래 액수가 대폭 줄어들었다.

구매 업무는 제조 현장에서 이루어져야 한다. 그래서 타 지역 본사의 구매 담당자를 제조 현장이 있는 사업장에 파견근무를 하도록 해서 타이트하게 업무를 관리했다. 그러나 오랫동안 타성에 젖어 자유롭고 편하게 업무 처리를 해 온 터라 쉬 개선이 되지 않았다. 결국 본사 구매 업무는 본사로 국한시키고 해당 사업장에는 별도 구매 담당자를 채용하여 독자적으로 업무를 진행시켰다. 그러고 나니 이후로 매월 구매 원가 절감액이 상당했다. 얼마 가지 않아 A 업체와는 그나마 본사마저도 거래가 중단되었고, 이 과정에서 업무를 태만히 한 구매 담당자도 회사를 떠나게 되었다.

제조업의 꽃 '영업'

제조업의 꽃은 '영업'이라는 말이 있다. 영업은 일선 최전방에서 고객을 응대하면서 회사를 대표하는 일이다. 영업을 통해 좋은 가격으로 매출을 많이 올려야 회사가 유지되고 발전한다. 영업이 창출한 오더 수주는 이후 원자재 구매, 제품 생산, 품질 관리, 재고 관리, 채권 관리 등 회사의 모든 업무 순환 사이클의 출발점이 된다.

그렇기에 영업 업무를 담당하는 직원은 그에 맞는 대우를 받아야 한다. 그러나 우리네 직장 문화에서 영업직과 영업 사원을 중시하고 이 업무에 우수 사원을 배치하기 시작한 것은 그리 오래지 않은 일이다. '고객은 왕이다', '고객 감동' 등등 고객에 대한 기본 개념이 발전·변화하기 시작한 2000년대 초반이 그 시작점 아닌가 싶다.

그 전까지만 해도 중소중견기업들이 직장 내에서 가장 중요하게 생각한 업무 부서는 자금 관리와 구매 관리 쪽이었다. 그래서 주로 이곳에 오너의 자식들이나 친인척을 채용하고 배치했다. 아마도 자금 관리 와중에 발생할 수 있는 부정이나 횡령 등을 걱정했을 것이다. 말이 난 김에, 그 시절에 자금 관리와 구매 업무 다음으로 중요하게 생각한 부서는 경리·회계, 제품 관리, 인사·총무, 생산, 품질 순이었다. 미안하지만 영업은 제일 마지막이었다. 외모 좋고 씩씩하고 목소리 크면 영업을 잘할 것이라는 믿음이 통하던 시절이었다. 그래서 신입 사원 채용 시에 장교 출신을 우대했고 주로 영업에 배치한 것으로 기억한다.

영업을 제조업의 꽃으로 부르는 이유는 회사 입장에서 고객을 응대하는 대표 직무이며 회사의 매출과 이익을 책임지는 자리이기 때문이다. 나아가 영업이야말로 가장 광범위하면서 깊은 지식과 함께 세부 전략을 수립하고 실행할 역량이 필요한 업무이기 때문이다.

영업직에는 다방면의 능력을 갖춘 뛰어난 인재가 필요하다. 먼저, 자사의 제품을 판매하는 것이니만큼 제품의 주요 원재료 구성과 수급 구조, 제조공정, 제품의 특징과 품질, 경쟁사 제품과의 비교적인 부분, 가격 동향 등을 제대로 알고 있어야 한다. 그래야 고객에게 제대로 제품을 설명하는 언변 속에서 신뢰를 쌓고 판매까지 이어질 수 있다. 또한 고객 회사가 믿을 수 있는지 재무제표나 자금 상황을 파악하여 숫자를 읽어 낼 회계·재무 지식도 필요하다. 나아가 자사 제품의 용도와 최종 가공 완제품은 무엇인지, 장래성이 있어 매출이 증대될 가능성은 있는지 등의 상하 관련 사업 전망 지식과 결제 조건에 따른 어음수표법 관련 지식도 기본이다. 더 나아가 고객을 제대로 응대하는 커뮤니케이션 스킬 및 매너, 생산·판매 회의를 위한 수요예측과 협업 등등 실로 가장 광범위하고 다양한 지식이 필요하다. 그러니 회사에서 제일 똑똑한 사람을 영업에 배치해야 하는 것이다.

영업 사원은 현장으로 선배 사원을 쫓아다니면서 선배 사원이 하는 것을 보고 고객 응대하는 법을 배운다. 그런데 불행하게도 선배 사원이 인물만 좋고 목소리만 크다면 어찌할 것인가.

영업 사원은 더없이 섬세해야 한다. 배워야 할 게 한두 가지가 아니다. 고객에게는 철저히 감성적으로 응대해야 하고, 동시에 주변 지식에 대한 광범위한 데이터를 수집·활용해야 하는 과학적 면모를 갖추어야 한다. 그렇기에 가장 어려운 직무 중 하나이자 제조업의 꽃이라고 모두들 인정하는 것이다.

독점 영업하다 경쟁사 출현하면

화학제조업 분야에는 특성상 독점 공급을 하는 회사들이 꽤 많다. 국내에 다른 공급업체도 없고, 수입을 하기에는 가격이 월등히 비싼 데다 물량도 원활치 않으며, 특수 선박을 이용해야 하는 등 제약이 많기 때문이다. 그래서 유일무이한 독점 공급이 가능한 것이다.

공급업체 B사의 경우, 자사 제품을 판매하니 영업은 영업이지만 독점 판매이기에 영업보다는 물량 배분 개념으로 보는 게 정확했다. B사의 영업부 직원들도 그래서 구매 회사를 상대로 방문 관리나 판매촉진 활동을 거의 하지 않는 편이었다. 이름만 영업 부서지 일반적인 영업이 아니었다. 공급 물량이 수요 대비 부족한 품목일 경우, 구매 업체 입장에서는 물량을 조금이라도 더 확보하고 배분받기 위해 사정사정할 정도다. 심한 경우에는 구매사가 B사에 찾아와 대금을 선입금하고 입금증을 받아서, 그것을 영업 부서에 가져가서 확인받고 접수해서 물량 배분 명단에 이름을 올리곤 했다. 그나마도 언제 물량이 도착할지 확실치 않다가 추후에 통보를 받는 상황이었다.

이러하니 B사 영업 직원들은 주변의 부러움을 많이 샀다. 독점 공급이라 마진이 높고, 수익성이 좋고, 덩달아 급여와 복리후생도 좋을 수밖에 없는 회사에 다닌다고 말이다. 아닌 게 아니라 영업을 편하게 앉아서 했다. 실무는 구매 회사에서 다 알아서 했다. 명절과 휴가철에는 선물과 휴가비 봉투가 날아들었으며 수시로 저녁 식사 접대는 기본이었다. 실로 콧대 높은 장사꾼이요 독점 공급의 행복한 비명이었다.

하지만 영원한 행복은 없었다. 국가경제가 발전·성장하고 산업이 활발해지면서, 국내 수요가 증가하는데 공급 물량은 여전히 부족하고 수익성은 계속 높아지는 상황이 이어지면서, 새롭게 사업에 뛰어들어 공장을 짓는 경쟁회사가 생겨났다. 새로운 업체의 공장 건설이 마무리되고 제품 공급 시기가 가까워질 즈음, 기존의 독점 공급사가 반응을 보이기 시작했다. B사 사장과 부사장 등이 구매사의 윗선에 연줄을 대서 자사 제품을 계속 사용해 달라고 요청하는 것이 시작이었다. 이어 고개 빳빳이 들고 영업 관리를 하던 B사 영업부 직원이 구매사의 부서장과 구매 담당 직원들에게 처음으로 전화를 걸어오고 그들의 집에 선물을 보내기까지 했다. 개중에 웃겼던 장면은 따로 있었다. 독점 회사다 보니 B사에는 영업직 사원이 많이 필요하지 않았고, 입사나 퇴사 등 인원 변동도 거의 없었다. 그래서 담당 직원이 대체로 직급이 높고 나이도 좀 있었다. 그런데 그때까지 구매 회사가 어디 있는지도 몰랐던 모양이다. 전화를 걸어와서 사무실 위치를 묻더니 찾아오겠다고 어렵게 이야기를 꺼내는 것이었다. 그렇게 찾아와서는, 평생 이름만 영업이지 거래선을 쫓아다니며 영업을 해 본 경험이 전혀 없기에, 어떻게 이야기를 꺼내야 할지 몰라 절절맸다. 자기네 B사 제품을 계속 구매해 달라고 아쉬운 부탁을 하는데 그게 몸에 배지 않아 허리를 비비 꼬고 땀을 뻘뻘 흘렸다. 구매 부서에서 일하던 나로서는 못 보던 모습에 고소한 마음이 들기도 했고, 같은 봉급쟁이로서 안됐다는 마음도 들었다. 그래서 함께 차를 마시며 그가 어려워하는 부분에 대해 먼저 이야기를 꺼내 주었다. 헤어질 때는 회사 지하 주차장까지 같이 가서 배웅했던 기억이 난다.

구매 부서에서 근무했지만, 앞서 말했듯 화학제조업 특성상 원부재료가 거의 모두 독과점 품목이었고 그 물량이 원활하지 않았다. 그래서 명절이면 선물을 사서 주요 공급 거래처 임직원들의 집들을 일일이 방문하기까지 했다. 당시에도 백화점에서 배달시키는 일이 가능하긴 했다. 그러나 좋은 상품을 직접 구입해서 집집마다 방문하고 정중하게 전달하는 게 좋겠다는 회사 오너의 뜻에 따라 해마다 두 번은 거래선에 있는 사람들의 집에 찾아가는 일을 맡았다. 마음 편한 일은 아니었지만 오너의 판단은 지금도 존중한다.

독점이건 경쟁이건, 공급 회사와 구매 회사 간에 오가는 거래는 신성한 비즈니스의 영역이다. 구매하는 입장이든 영업하는 입장이든 원만하고 인간적인 대인관계에서 출발해야 한다. 비즈니스 파트너로서 그렇게 상호 예우하는 것이 업무의 기본이다.

미리미리 닦고 조이고 기름치자

C사의 공장에 처음 들어섰을 때, 정말이지 깜짝 놀랐다. 일단 지저분했다. 설비마다 빈틈없이 먼지가 뒤덮여 있었다. 사람이 이

동할 만한 통로조차 제대로 만들어지지 않았다. 한마디로 준공식 이후로 청소를 한 번도 안 한 공장이었다.

장치산업으로서 설비에 따라 생산량, 생산 규격, 생산성 등 사업의 70~80퍼센트가 결정되는, 다시 말해 설비가 무엇보다 중요한 사업이었다. 설비를 유지보수하고 관리하는 업무가 핵심 중의 핵심 역량이었다. 트러블 시간을 줄여 가동률을 높이고, 사용 가능 시간을 늘려 교체 투자비와 유지보수 비용을 절감해야 했다.

사후 관리보다 중요한 게 사전 관리였다. 점검반을 운영하고 가능한 부품을 자체 제작, 자체 인력으로 유지보수를 하는 등의 효과적인 관리가 매우 중요했다. 가동률 관리 또한 정비 시간을 제외하고 계산하는 설비가동률이 아니라 365일 전체 시간 중에서 가동 시간을 관리하는 시간가동률로 관리해야 했다. 즉 계획 정비 시간도 관리 대상에 포함, 정비 시간을 줄이고 절감해야 했다. 또한 대한민국 제조 공장의 기본인 5S(Seiri: 정리, Seiton: 정돈, Seiso: 청소, Seiketsu: 청결, Shitsuke: 습관화), My Machine(내 설비는 내가 지킨다), 개선 제안 등 세 개 활동을 모두 하는 것이 가장 이상적이었다.

그런데 이 공장은 달랐다. 절망적이었다. 1공장 1회사이기에 공장의 수명이 다하면 회사의 수명도 따라서 다하는 운명. 그런데 설비 수명이 대략 30년 전후이며 당시에 벌써 26년 차로 상당 부분

노후화가 진행된 상태였다. 하지만 사태의 중요성을 누구도 인식 못 하고 있었다. 사전 관리가 아니라 사후 보전의 원시적인 관리 상태였다. 위에 언급한 대한민국 제조 공장의 기본 세 가지 가운데 어떤 것도 못 갖추고 있었다. 자체 인력으로는 청소 등 단순한 작업만을 수행하고 설비를 정비하는 일 등은 대부분 외주에 맡겼는데 그 비용 또한 만만치 않았다. 정비 외주를 주는 것도 제한적인 소수의 업체들만 상대하는, 고착화된 관계를 고집하고 있었다.

변화가 필요했다. 관련 업계 1등 회사에 부탁, 현장관리자를 포함한 약 15명 인원이 그곳을 견학하고 5S, 개선 제안 및 설비관리 등을 교육할 기회를 마련했다. 이를 빌미로 현장에 무리한 요구를 하지 말라고 불평하던 노동조합장도 같이 참여하도록 권했다.

당시에 다음과 같은 내용을 반복적으로 설명했다.

설비 노후화가 심각한 걱정입니다. 7~8월의 생산 부진으로 당장 판매 재고가 부족할 정도인데, 게다가 고장이 계속되며 가동 중지가 이어지고 있어요. 9월 생산뿐 아니라 4분기 이익 실현을 위해, 단기적인 부분들은 효과적으로 응급조치를 진행하면서 대응해 주시길 바랍니다. 설비 팀 인원들이 불철주야 트러블 슈팅을 하고 있지만 사후 조치만으로는 한계가 있습니다.

현재 노후화가 어느 정도로 심각한지 정확하게 진단해야 합니다. 주요 공정 설비별로 긴급도와 영향도를 파악, 단위 기계마다 리스트업해서 조치 계획을 수립해야 해요. 반복하지만 사전 조치가 가장 중요합니다. 설비가 20년이 경과하면 노후화 진단, 사전 대응조치계획 수립, 예방보전 체계 마련이 기본이에요. 그런데 우리는 25년이 경과했건만 노후화 진단도, 사전 대응조치계획도, 예방보전 체계도 전혀 마련되어 있지 않습니다. 지금이라도 설비 노후화 진단을 해야 합니다. 자체적으로 힘들다면 외부 도움을 받아서라도 시급히 진단을 받도록 준비해 주세요.

지금처럼 초보적이고 원시적인 사후 유지보수로는 안 됩니다. 선제적이고 과학적인 사전 예방 체계가 필요해요. 설비관리 팀은 선진 업체를 견학하며 부지런히 공부하고, 일단 사전 조치를 마친 다음에 구체적인 사전 예방 방안을 모색해야 합니다. 시간이 별로 없어요. 우리는 어디까지나 설비를 기반으로 사업을 벌이고 수익을 내는 회사입니다. 설비를 잘 유지·관리하여 가동률을 높이는 것이 우리 회사의 핵심적인 성공 요인입니다.

남들이 하는 것만큼만 하면 절대로 남을 능가할 수 없다. 하물며 남들 하는 것만큼도 안 한다면 살아남을 수가 없다. 닦고 조이고 기름 치는 기본부터 충실히 시작해야 한다.

가장 중요하고 어려운 업무로 부각한 환경과 안전

회사의 다양한 업무 중에는 가장 중요하고, 가장 어렵고, 반면에 경영층의 관심을 이끌어 내기가 쉽지 않은, 그래서 인력 투입도 원활치 않은 업무가 있다. 바로 환경과 안전 업무다. 직접적인 관련이 있는 업체나 자원이 풍부한 대기업은 그나마 형편이 양호하다. 하지만 중소중견기업들은 최소한의 법규 준수에 따른 환경 1명, 안전 1명만 두는 것이 보통이다. 규모가 더 작은 경우에는 위탁 관리를 하기도 한다.

환경과 안전 업무가 그 중요성에 비해 관심이나 지원이 부족한 이유가 뭘까. 그것이 회사의 성장이나 수익 창출과는 무관한, SCM(Supply Chain Management: 공급망 관리. 제품의 생산과 유통 과정을 하나의 통합망으로 관리하는 경영전략 시스템)과는 거리가 먼 업무라는 인식 때문이다. 그리하여 적지 않은 경영층과 관리자, 생산 현장에서 환경과 안전 업무가 생산량과 비용 절감의 뒷전으로 밀리곤 한다. 그리하여 환경과 안전은 관공서나 관련기관에서 단속이나 점검 등이 올 때만 반짝하는 업무가 되고 말았다. 이러한 여건이니 환경과 안전 분야 담당자들이 사명감 속에 열심히 업무를 수행하는 모습을 기대하기도 쉽지 않을지 모른다.

변방의 업무로 인식되면서 심지어 환경 1명, 안전 1명을 별도의 조직이 아니라 생산 부서나 총무지원 부서 등에 배치하는 경우도 흔하다. 두 업무를 한데 묶고 선임자가 부서장 직책을 수행하는, 2명의 환경 안전팀 같은 별도 조직으로 구성되는 경우도 있다. 메인 SCM 업무도 아니라는 인식에 인원도 1명씩이고, 환경청과 노동부의 대관 업무라는 공통점이 있으며, 관에서도 별도의 조직으로 구성하고 운영하기를 권장하는 등의 이유에서다.

대관 업무라는 공통점이 있기는 하나, 사실상 환경청과 노동부는 전혀 관련이 없는 별개의 관공서다. 두 업무의 솔루션도 전혀 다르다. 환경 업무는 관련 법규 내에서 적합한 방제 설비를 설치하고 적법하게 운영, 사회에 환경 문제를 야기하지 않도록 운영하는 업무다.

환경 업무의 솔루션은 무엇보다 설비다.

일단은 많은 자금이 들어가는 방제 설비 쪽에 먼저 투자해야 한다. 기업이 생산·제조 설비 등을 처음 도입하는 시점에 환경 문제가 같이 검토되어야 하는 것이다. 따라서 환경 업무는 설비 업무와 상당히 밀접한 관계에 있다. 이미 설치된 방제 설비를 유지·보수·관리하는 업무도 설비 부서의 몫이다. 최근에는 환경 업무가 설비 쪽에 포함되도록 조직 설계와 인력 배치에 신경을 쓰는 회사가 많아졌다. 환경 업무의 KSF(Key Success Factor)는 법을 준수하고 지역사회와 국가에 해를 끼치지 않도록 적합한 방제 설비를 적법하게 운영하는 것이다. 양심적인 경영마인드와 적절한 설비 투자가 담보되어야 한다.

안전 업무의 솔루션은 절대적으로 사람이다.

공장을 건설할 때 위험하지 않도록 이동 스테이지와 계단, 난간 등등의 안전장치를 제대로 설치하는 등의 물리적 조치가 여기 포함된다. 더 중요한 것은 안전한 작업을 위해 회사 전체적인 안전 조직과 인원을 구성, 안전 협의체 운영 등 제반 규정과 시행 지침을 정해서 운영하는 일이다. 또 기본적인 안전 수칙 교육과 안전 보호구 지급, 작업에 앞선 사전 점검이 중요하다. 안전 작업이 절차대로 이루어지도록 하는 안전관리자의 현장 지도도 필수적이다. 이외에도 특별한 장치를 사용한다든가 고소, 중량물 등 위험한 작업 시 법에서 정한 매뉴얼 등을 작성하고 특별 교육을 해야 하며 기본적으로 모든 임직원이 안전에 관련한 법정 교육을 이수해야 한다.

제도적이고 구조적인 부분들에 최대한 노력했지만, 어느 날 갑자기 작업자가 안전 보호구를 제대로 착용하지 않았다든가, 상호 신호가 맞지 않았다든가, 잠깐 딴생각을 했다든가 해서 여지없이 터질 수 있는 게 안전사고다. 안전을 위한 꾸준한 의식 교육이 그래서 무엇보다 중요하다. 매일 아침 현장에 들어가기 전에 빠짐없이 모이도록 해서 체조를 하고 안전 구호를 외치고 안전교육을 시행해야 한다. 안전 구호를 힘차게 외치다 보면 스스로 말하고 들으며 각인하는 한편 다른 사람들이 외치는 구호를 들으면서 한 번 더 환기하게 되는 이중 삼중의 효과가 있다. 더불어 관리감독자들은 수시로 안전 패트롤 활동에 나서야 한다.

사고는 한순간에 발생한다. 너무도 어이없이 일순간 발생한다. 한번은 기계를 정비하다가, 정비 중인 사람과 운전실에 있는 두 사람이 무전기로 "아직 작업 중이야"라는 말을 주고받고도 무심코 스위치를 켜서 한쪽 팔을 평생 못 쓰게 됐다. 안전 라인 안으로 사람이 들어가면 자동으로 기계가 멈추는 안전장치가 불편하다며 이를 해제하고 작업하다가 사고가 났다. 하도급업체가 불법으로 재하도급을 주면서 위험성 평가도, 안전 작업 절차서 작성도, 특별 안전교육도 하지 않았다가 사고가 나기도 했다. 주변에서 흔하게 볼 수 있는 사례들이다.

최근에 사회적으로 크게 이슈가 되고 있음에도 건설과 중공업 현장 등에서 끊임없이 사망사고가 발생하고 있다. 사업주와 경영 책임자에게 1년 이상 징역, 10억 원 이하 벌금, 법인은 50억 원 이하 벌금 등 처벌을 강화하고 있다. 효과가 있기는 할 것이다. 하지만 이것이 근본적인 대책은 될 수 없다.

과거처럼 사람 생명보다 돈을 우선시하는 악덕 경영자들이 그리 많지는 않다. 안전사고를 막는 게 무척 힘든 일이라는 점이 문제다. 사고의 발생원이 다양한 데다 관련된 업체와 인원 또한 엄청나게 많기 때문이다. 게다가 컨트롤이 쉽지 않으니 계속해서 중대재해가 발생한다. 사고가 발생하면 노동부는 서류 위주로 조사를 진행한다. 그러나 안전의 솔루션은 절대적으로 사람이다. 원인을 따지고 책임 소재를 따지는 데에도 애매한 부분이 존재한다.

노동부와 안전 관련 기관들은 벌금이나 과태료나 서류만이 아닌, 중소중견기업 현장에 실질적으로 도움이 되는 지도와 자문에 역점을 두어야 한다. 사고를 같이 책임지려는 공무원의 자세가 필요하다. 노동자와 기업과 정부가 힘을 합쳐야 획기적으로 사고를 줄여 나갈 수 있다.

정비 기간 중에 재하도급업체에서 안타까운 중대재해가 발생했다. 정비가 중단되며 7억여 원의 경제적 손실이 발생했고 관련 기관의 특별 점검 결과 8,000만 원의 과태료가 부과되었다. 회사와 안전관리 총괄 책임자였던 나는 기소되어 형사처분까지 받았다. 괴로운 반성의 시간이었다. 당시, 깊은 자괴감 속에 메모했던 글들을 여기 소개한다.

1. 작업자 실수건 크레인 기사 실수건, 가능성 희박한 사고가 발생한다는 것은 전반적인 안전 의식 시스템이 없거나 제대로 작동하지 않았기 때문이다.

2. 대정비 등 설비공사를 할 때, 사고는 언제라도 날 수 있다. 설비 팀의 안전에 대한 획기적인 의식 변화와 업무 방식의 혁신이 있어야 한다. 그렇지 않다면 이와 같은 리스크가 언제라도 회사 운영에 치명적인 부담으로 작용할 것이다.

3. 환경·안전 부서에 총무 등 타 업무의 부담을 준 것이 화근일 수도 있다. 그러나 변명의 여지 없이, 안전관리 교육 미비 등 일상적인 안전 업무를 제대로 하지 않은 게 가장 큰 문제였다. 무재해, 안전 협의체 등 겉으로 드러나는 부분에만 신경 쓰는 것은 의미가 없다. 실질적이고 상시적인 안전 업무를 수행해야 한다.

4. 안전 진단은 안전 시스템을 제대로 구축할 수 있는 실질적인 기회다. 안전 진단 전, 본래 2분기 채용 예정이던 안전·환경 인원을 미리 충원하여 진단부터 참여시켜야 한다.

5. 이번 사고와 점검 등으로 약 7억 원의 금전적 손실이 발생했다. 이뿐만 아니라 회사 신인도 하락, 영업 위축, 생산 현장 직원들의 사기 저하 등 무형의 손실은 더욱 클 것이다. 정말 깊이 반성해야 한다.

이 사건 이후, 안전 관련 미디어에 기고한 글이 있다. 참고가 되었으면 하는 바람이다.

고인의 명복을 빌며 진심으로 사과하고 아픔을 위로합니다

2020년 5월 7일 필자가 근무 중이던 회사에서 설비 정비 중에 협력 업체 한 분이 사망하는 중대재해가 발생했다.

당일 KBS 9시 뉴스에서 이 소식을 약 5분 정도 보도했다. 재해율이 높고 사망사고가 끊이지 않는 울산 지역이고 최근에 사회적으로 크게 이슈가 된 터라 여러모로 어려운 상황일 수밖에 없었다.

하도급업체에서 불법으로 재하도를 준 상황으로 직접적인 사고의 상대자는 아니었다. 하지만 발주자로서 법적인 총괄 관리 책임이 있었다. 진심을 다해 성의 있게 사고에 대해 반성하는 마음이다.

지금도 고인과 가족들에게 깊이 사과드리고 송구한 마음을 가지고 있다.

사고의 여파는 컸다. 사고 직후 관리 감독을 받았다. 과태료 8,000만 원, 법 위반으로 약식 기소되어 필자와 회사는 각각 벌금 200만 원을 납부했다. 권고 사항으로 2,000여만 원의 안전 진단도 받았다. 회사는 사고로 인해 정비가 지연되면서 가동 중단으로 7억 2,000만 원의 손실을 봤다.

필자는 안전보건관리 총괄 책임자였고, 실질적인 경영 책임자로서 전적인 책임이 있었다. 노동부 조사 2차례와 경찰 조사를 받았다. 실무 책임자이자 법정 안전관리자인 환경안전 팀장과 설비관리 팀장의 기본적인 안전관리 업무 미수행과 법적 사항에 대한 불이행이 다수 인정됐다. 총괄 관리 책임자인 필자도 결국 기소됐다.

중대재해에 지역적·사회적 이슈로 실형(집행유예)이 유력했다. 1년이 넘게 시간이 소요되면서 내내 마음이 안 좋았고 속이 말이 아니었다.

지난 8월 열린 재판에서 6개월 실형에 200만 원의 벌금을 구형받았고 최후진술을 했다. 그리고 며칠 전 선고가 있었다. 직접 대상이었던 하도급업체는 집행유예 실형과 벌금, 필자와 회사는 벌금형만 선고됐다. 16일 항소를 하지 않아 사건은 종결됐다. 참으로 감사하면서도 송구한 일이 아닐 수 없다.

과거 전 직장에서 안전사고를 많이 경험했고, 안전사고를 줄이려고 많은 노력과 연구를 한 경험이 있다. 항상 안전에 대해 많은 관심을 갖고 중요하게 다루어 왔다.

안전은 관련 요인과 대상이 복잡하고 많아 컨트롤이 쉽지 않다. 결국은 사람이다. 참으로 어려운 분야다.

생산직 직원들에게 경영 실적을 설명하고 회의하는 자리에서 항상 하는 말이 있다.

"언제나 어렵고 치명적인 위협 요인 두 개가 있는데 하나는 화재이고 다른 하나는 안전사고입니다. 화재는 우리 공장을 송두리째 태워 엄청난 재산상 손실을 가져옵니다. 그러나 시간과 돈이 들 뿐, 결국은 해결되고 다시 복구하면 됩니다. 하지만 안전사고는 그렇지 않습니다. 우리의 신체는 아무리 많은 돈을 들여도 원상복구가 되지 않습니다. 그래서 안전에 더 많은 노력을 들여야 합니다. 항상 가족을 생각하고 나 자신을 철저하게 보호해야 합니다."

안타까운 이번 사고와 관련해 다시 한번 고인의 명복을 빌며 가족분들께 진심으로 사과하고 아픔을 위로드린다.

이번 사고에 대해 많은 반성을 했다. 모르던 부분들을 새롭게 배웠고, 그래서 사고 이후지만 많은 안전 조치를 강구할 수 있었다. 도움 주신 많은 분들께 감사드린다.

《세이프타임즈》 (2021. 9. 18.)

맡은 업무의 전문가가 되어야

회사 운영에서 무엇보다 중요한 것은 임직원 스스로 적극적인 태도를 견지하며 충실히 업무를 수행하는 것이다. 그리고 회사는 임직원들의 몰입도를 높일 수 있도록 노력해야 한다. 스스로 노력하는 긍정적인 조직문화를 조성하고 유지하도록 도와야 한다.

업무 역량과 자질이 부족하고 성실하지도 못한 임직원들 때문에 회사는 언제라도 막대한 피해를 입을 수 있다. 꽤 많은 액수의 비품, 소모품, 중장비 등 차량과 사용 유류 등을 구매하는 D사. 그런데 거래선이 오랫동안 변하지 않고 있었다. 대놓고 한 업체와 수년째 거래를 하는 중이었다. 오랜 거래 관계를 유지하면서 신뢰가 쌓이고, 거래처도 알아서 경쟁력 있게 납품해 왔다면 문제가 없었을 것이다. 그러나 내용을 들여다보니 결과적으로 구매 업무를 게을리한 셈이었다. 주유소, 윤활유류와 안전용품 납품업체, 폐기물처리업체 등을 견적 비교해 새로운 업체로 바꾸니 연간 7퍼센트, 1억 원 넘는 금액이 절감된 것이다. D사의 구매 담당자는 그간 거래조건이나 단가를 한 차례도 조사하지 않았다. 품목과 거래금액 규모 등에 따라서 매번 적어도 세 개 이상의 업체와 비교견적을 해야 했다. 분기, 반기 또는 1년에 한 번, 거래선의 신뢰도와 거래조건 및 단가를 비교해야 했다. 그렇게 경쟁력 있는 업체를 선정해서 회사의 손실을 막아야 했다. 그러나 구매 담당자의 형편없는 자질과 불성실함 때문에 회사는 연간 엄청난 비용을 쓸데없이 지불해야 했다.

회사 내에 30명 가까운 인원을 운영하는 도급업체 E사. 정규 직원보다 노무 단가 등 여러 면에서 유리하다고 주장해 왔지만 계약 내용에 없는 유니폼과 안전화 등 무상 공급, 식사 무상 제공 등을 감안하면 단가 면에서 경쟁력이 없었다. 더욱이 큰 문제는 법적으로 정규 직원과 동일 공정에서 함께 근무할 수 없음에도 혼재 근무가 대부분이었다는 점이다. 도급업체를 보호하기 위해 물량 도급을 해야 하는데 임률 도급을 하는 등 불법적인 요소도 많았다. 한술 더 떠서 E사 사장은 회사에서 지급하는 도급 단가 중에서 정해진 관리비와 마진 이외에 상당 금액을 차감하여 개별 도급비를 지급하고 있었다. 인건비 착복이었다.

이후 E사와의 도급 계약을 해지, 별도 공정의 인원은 소사장제로 변경하고 나머지 인원은 모두 정규직으로 전환하여 적법 운영되도록 했다. 실질적으로 인건비를 현실화하는 등 근무 여건을 개선하니 생산성이 증대되고 원가는 절감되었다. 그럼에도 E사와 도급 업무를 진행하며 법적인 사항과 실제 운영되는 현실과의 괴리에 대해 고민하기는커녕 그 실상을 제대로 들여다본 적도 없는 담당 과장은 본인의 업무상 과실을 끝내 인정하지 않았다. 본인은 최선을 다해서 일했으며 잘못한 것이 없다고 주장했다. 하기야 잘못을 깨닫고 반성할 정도의 인물이었으면 그런 무책임한 잘못을 저지르지도 않았을 것이다.

F사의 원재료부장 G는 어느 날 원재료가 3,000톤이 빈다는 보고를 해 왔다. 1년 전 연말에 확인되었고 전임 임원에게 보고했으나 현재까지 바로잡지 못한 상태라고 했다. 한 달에 2만 톤 정도를 사용하니 15퍼센트가 비는 셈이고 금액으로는 1억 원이 넘었다. 회사가 적자 상태라 미처 조치를 못 한 것 같았다. 부정한 의도는 없는, 사용량보다 적게 수불 정리한 업무 착오 정도로 생각했다. 서면 보고를 하도록 하고 한 달에 1,000톤씩 3개월에 걸쳐 수불 정리를 하도록 지시했다. 적자를 안 내려고 안간힘을 쓰던 시기였다. 월 3,000~4,000만 원의 추가 부담은 날벼락과도 같았다. 그런데 그 이후, 담당하던 대리 직원이 무려 5,000톤을 펑크 내고는 한마디 말도 없이 동종 회사로 이직했다. 아무래도 부정적인 생각이 들지 않을 수가 없다.

회사에서 새로운 업무를 처음 시작하면, 전임자에게 약 2~4주 정도 인수인계를 받기 마련이다. 그러나 전임자 자신도 새로 투입될 업무를 배워야 하기에 인수인계에 충실히 시간을 할애하기 힘들다. 게다가 웬만한 중소중견기업들의 업무 프로세스를 보면 이에 관련한 매뉴얼이 없거나 제때 업데이트되어 있지 않은 게 현실이다.

어렵지만 그래도 신경 써서 최대한 업무 인수인계를 받아야 한다. 부족하다면 휴일에라도 양해를 구해 더 배우려는 자세가 중요하다. 그렇게 새로운 업무를 시작하고 약간의 여유가 생겼다면, 모든 것을 적법하게 처리할 수 있도록 관계 법령을 익히라고 강권한다. 업무와 관련된 전문 참고도서를 한두 권 이상 필독하는 게 좋다. 한 가지 업무를 몇 년이나 맡을지 모르지만 뭐든 배우면 내 것으로 남는다. 관련 법령은 물론 업무의 실무와 이론을 겸비한 해당 분야의 전문가가 될 수 있도록 노력해야 한다. 여건이 되어 연수 과정이나 대학원 등을 경험할 수 있다면 더욱 좋다. 후에 해당 업무의 매니저로 근무하는 등 직장 생활을 하며 두세 가지 분야의 전문가가 될 수 있을 것이다.

30년 전에 엑셀을 배우다

농어촌에서 흔히 볼 수 있는, 전자동화된 농수산물 건조기를 생산·보급하는 중견기업에서 근무하던 때의 일이다. 1993년. 전산화는커녕 사무실에 PC가 한두 대뿐이었다. 여직원 한 명이 전담해서 한글 2.0 버전으로 공문 작업 등을 했다. 업무 대부분이 종이 문서 작업이었다. 지금은 회사에서 가장 많이 사용하는 것이 엑셀, 스프레드시트 작업일 텐데 당시는 B4 종이에 양식을 그리고 계산기를 활용했었다.

제일 많이 사용하는 스프레드시트는 Lotus 1-2-3에 이어 Quattro, Quattro-Pro 등이었다. 1992년도에 Window 3.1이 국내에 처음 출시되면서 문자 아닌 아이콘을 마우스로 클릭하는 획기적인 혁신이 일어났다. 엑셀, 파워포인트, 워드 등 MS 오피스 프로그램이 사용되기 시작한 것이다. 이는 곧 대세가 되었다. 이전의 소프트웨어들은 모두 자취를 감추게 되었다.

나 역시 엑셀을 배워야 했다. 학원을 다녀야 하나 나름 고민이 많았다. PC 경험이 없는 직원들을 모두 학원에 보낼 수도 없는 노릇이었다. 궁리 끝에 PC와 가장 친한 부서 직원 H를 학원에 등록시키고 매일 저녁 퇴근 후에 엑셀을 배우도록 했다. 그리고 매주 토요일 점심 식사를 마친 뒤, 나를 포함한 여섯 명의 부서원 전체가 PC 앞에 둘러앉았다. H가 월요일부터 금요일까지 학원에서 배운 것을 부서원들에게 가르치는 시간이었다.

나도 그렇게 엑셀을 배웠고 부족한 부분은 교재를 구입해서 독학했다. 비슷한 시기에 파워포인트도 교재로 학습하여 사용하기 시작했다. 대학 후배가 운영하는 IBM 대리점에서 흑백 노트북 Think Pad 386 Mono를, 새것 같은 중고품을 100만 원에 구입했다. 그것으로 Window 3.1 오피스를 사용했고 회사 사업계획서 등을 작업했다. 이 무렵에 아이와 집사람도 워드와 인터넷에 눈뜨기 시작했고, 당시로서는 최신 기종 PC였던 IBM APTIVA 770을 거금 300만 원 넘게 주고 구입했던 기억도 난다.

남들보다 조금 일찍, 적어도 뒤처지지는 않게 오피스를 배워 사용했다. 남보다 조금 일찍 임원이 되어 더 오랜 기간 임원 생활을 했는데, 항상 실무자들보다 빨리 새로운 것을 배우고자 노력했다. 엑셀, 파워포인트 등도 실무에 불편하지 않을 정도로 익히고 사용했다. 그래서인지 직원들에게 다른 임원들과는 다르다는 이야기를 많이 들었다. 중견기업으로서는 드물게, 1998년도에 ERP(Enterprise Resource Planning: 전사적 자원관리. 통합적인 컴퓨터 데이터베이스를 구축해 회사의 자금, 회계, 구매, 생산, 판매 등 모든 업무의 흐름을 효율적으로 자동 조절해 주는 전산시스템)를 도입했다. 이후에 근무했던 회사에서는 상당 기간 IT 업무를 관장하기도 했다.

졸업 17년 만에 대학원으로

1997년 말에 IMF가 시작되고, 그때까지 5년 정도 근무하던 지방의 중견기업도 적지 않은 타격을 받았다. 그렇게 1년이 지나 IMF 위기를 조금은 벗어나게 되었고, 추가로 1년 동안 회사를 안정시키는 데 주력하다 보니 2년 세월이 금세 지나갔다. 애초의 계획보다 길어진 지방 근무를 마치고 서울로 올라오려는데 새로운 변수가 생겼다. 사장이 개인 사유로 경영과 거리가 멀어지면서, 차마 나까지 떠나올 수가 없게 된 것이다. 이렇게 된 거 대학원이라도 다녀야겠다고 결심했다. 그렇게 네 학기를 지방에서, 다섯 번째 학기는 서울에서 마무리했다. 저녁 시간이고 일주일에 두 번 출석하는 것이기에 가능했다. 국립대학의 MBA 과정이라 학비가 저렴했다. 장학금을 받고 원우회장까지 맡으며 경제적인 부담 없이 학습과 활동을 겸할 수 있었다.

대학 졸업하고 책과 담을 쌓았던 것은 아니지만 간만의 공부라 많은 것이 생소했다. 졸업한 게 17년 전이니 잊어먹은 부분도 많았고 학문적으로 달라지고 추가된 부분도 많았다. 그러나 회사 생활을 하며 실무로 접하던 것을 책과 교수의 강의로 접하다 보니 쉬 따라잡을 수 있었다. 재미있게 열심히 공부하면 할수록, 학부 시절에 열심히 하지 않은 후회가 찾아들곤 했다. 어디건 자기 자리에 있을 때 열심히 최선을 다하는 일이 중요하다는 사실을 사무치게 실감했다.

처음 직장 생활을 시작하면서, 어느 정도 익숙해지고 안정이 되면 대학원을 다녀야겠다고 다짐했었다. 하지만 의지가 약했다. 회사 생활에 익숙해지면서 나름 바쁜 일들이 많아지다 보니 애초의 다짐을 돌아볼 여력이 없었다. 지금 생각하면 너무 안일했던 것 같다.

정규교육을 마친 이후에도 계속해서 배우고 공부하는 평생학습은 기본이 된 지 오래다. 직장 업무에 관련된 것 이외에도 틈틈이 책을 읽고 문화생활을 하고 뭔가 새로운 세계에 관심을 잃지 않아야 한다. 나아가 직장 생활을 하며 더 깊게 공부하여 본인의 업무와 연관된 학위를 새로 땄다고 상상해 보라. 얼마나 뿌듯하고 업무에 흥미가 생길 것인가. 학위까지는 아니더라도 업무들과 연관된 콘퍼런스, 세미나, 학회 등에 전문가로서 참여한다면 어떨까. 단순히 월급쟁이 회사원의 수준을 넘어서는 자신의 모습이 여간 뿌듯하지 않을 것이다.

베트남 사업의 시작, 궁하면 통한다

베트남 국영기업과 합작투자를 하기로 MOU까지 체결된 상태에서 프로젝트를 맡게 되었다. MOU 단계까지 끌고 오기는 했으나 가장 중요한 합작 지분율에서 의견 차이를 보이며 오랫동안 합의가 되지 않았다. 회사 측은 관련업에 대한 경험과 노하우를 내세우며 과반의 지분율을 갖고 경영을 맡아야 한다고 주장했다. 반면 베트남 국영기업 측은 베트남에서 사업을 한다는 점, 자신들이 10대 국영기업이라는 점 등을 들어 70퍼센트의 지분율을 달라고 주장했다. 의견 차가 좁혀지지 않으며 다음 단계인 본격적인 사업 진행이 꽉 막힌 상태였다.

2007년 11월에 베트남 업무를 시작했고 그다음 달인 12월에 양사 관련 임원들이 재차 모여 지분율을 놓고 회의를 가졌다. 이번에도 베트남 측이 70퍼센트의 지분을 고수하며 협상이 결렬되었다. 최종적으로 합작이 무산될 수 있다는 전제하에 건설 공장의 규모를 축소하여 합작투자를 하지 않고 단독으로 사업을 추진하는 방안, 국내에서 설비를 이설, 투자 규모를 줄여 건설하는 방안 등을 다양하게 검토했다. 합작을 전제로 베트남 회사에서 부지를 준비하기로 했던 터라, 단독투자를 대비한 공장 건설 부지 확보도 시급한 과제였다. 그래서 주변의 공단들을 직접 방문해 조사하고 가장 가능성이 높은 부지를 선정했다. 남은 과제는 해당 성 정부와 상호 협의해서 실무적인 합의를 이끌어 내고 계약을 체결하는 것이었다. 호찌민 위쪽의 빈증성 부성장과 다음 해 1월 2일 10시에 미팅 약속이 잡혔다.

2008년 새해 첫 업무일. 빈증성 정부 회의실에서 경제부성장과 내가 만나 회사 소개, 투자 규모와 입지 조건, 부지 임대 조건 등등에 대해 한 시간 동안 의견을 교환했다. 해당 부지에 입주를 희망한다는 뜻을 전했으며 성 정부로서도 크게 문제될 것은 없다는 것을 확인하고 회의를 마쳤다.

그런데 다음 날인 1월 3일 문제가 터졌다. 애초에 합작 논의를 했던 국영기업으로부터 전화가 빗발쳤다. 합작 논의가 진행 중인데 어째서 다른 성 정부 사람을 만났느냐, 어제 협의는 어떻게 진행되었고 결과는 어떻게 되었느냐 등등을 바삐 물어 왔다. 어제 처음 만났고, 공장 건설 입지에 대해 협의했으며, 부지 임대가 가능하고 투자를 유치할 수 있다는 의견을 주고받았다고 답했다. 서로 MOU를 맺은 것도 아닌데 어떻게 알고 그 난리를 치는지 오히려 궁금했다.

　알고 보니 전날 경제부성장을 만나 협의했다는 내용이 사진과 함께 성 정부 홈페이지에 실리고 현지 신문에도 보도되었던 모양이다. 그것도 빈증성 정부와 한국의 모 기업이 상호 합의하여 총 4억 달러 규모의 투자를 하기로 했다는 투자 확정 합의 기사였다.

　1월 11일 국영기업과 합작 관련 회의가 다시 열렸다. 회의를 시작하자마자 베트남 측 대표인 국영기업 총사장이 대뜸 운을 뗐다.

　"귀사가 지분 51퍼센트를, 우리가 49퍼센트를 갖는 것으로 하면 어떨까요?"

　잘못 들었나 싶어 재차 확인해 보니 정말이었다. 순식간에 회의가 종료되었다. 이후로 합작 제반 조건들에 대한 실무회의가 4개월여에 걸쳐 진행되었다. 개중에 가장 난항을 겪었던 것은 한국 파견 직원들의 급여와 복지 처우에 대한 부분이었다. 우여곡절 끝에 마침내 4월 30일, 호찌민 소재 레전드호텔에서 성대한 합작 조인식이 거행되었다.

다른 성 정부와 투자 협의를 하며 판을 흔들었던 나를, 이후에 베트남 측 관련 인사들이 고운 눈으로 볼 리 없었다. 그로 인해 국영기업으로서의 위상이 구겨지고 지분도 49퍼센트밖에 가져가지 못했으니 말이다. 그래서 실무협상에서 많은 어려움을 겪었다. 하지만 아쉬운 사람이 다가갈 수밖에 없었다. 비즈니스 파트너로서 정성을 다하고자 온갖 노력을 다했다. 모든 진행 사항을 투명하게 공유하며 믿음을 구했다. 이후로 관계가 지속적으로 호전되며 법인 설립, 공장 건설 등이 단계별로 순조롭게 이어졌다.

프로젝트는 상호 협력하에 원만하게 진행되었고, 기대했던 것처럼 높은 수익률을 내는 알짜 사업으로 자리 잡았다. 이후에는 생산 라인을 추가, 베트남 제일의 생산 기지가 되었다. 나아가 북쪽 하노이 부근에도 공장을 건설했다고 한다.

베트남과 친해지기 1. 헬멧

베트남 프로젝트 당시, 공장 준공 전에는 호찌민 시내에서 근무했다. 한국 본사에서 파견 나온 직원들이 10여 명이었고 현지 베트남 직원들은 계속 채용해 나가야 하는 상황으로, 초기에는 적은 인원으로 많은 일을 해야만 했다. 현지 직원들과 많은 소통이 필요했다.

2008년으로 기억한다. 베트남 정부가 모든 오토바이 운전자들은 헬멧을 써야 하며 미착용자는 상당한 벌금을 징구한다는 법안을 내놓았다. 시행 첫날, 호기심 가득한 심정으로 거리에 나섰다. 거리의 그 많은 오토바이 운전자들이 모두 헬멧을 쓰고 나올지 아니면 상당한 인원이 미착용으로 단속에 걸릴지 자못 궁금했다. 그런데 놀라웠다. 시행 첫날이어선지 어제까지 거의 아무도 착용하지 않았던 헬멧을 모두 다 착용하고 나온 것이다. 이것이 사회주의 문화고 공안의 힘인가 싶었다.

나중에 알고 보니 그럴 만한 이유가 있었다. 헬멧 중에서 가격이 싼 제품은 3만 동(한화 1,500원 정도)에 불과한데 벌금은 그 열 배가 넘으니 가장 싸구려 헬멧을 쓰고들 나온 것이다. 그런데 문제는 싸구려 헬멧을 쓰고 오토바이를 몰다가 사고가 나면 오히려 헬멧이 깨지면서 머리를 더 크게 다칠 수 있다는 점이었다. 이 문제로 현지 직원들과 대화를 나눴다. 대부분이 싸구려 헬멧을 사용하고 있었고, 헬멧의 중요성을 그다지 인식 못 하고 있었으며, 헬멧에 많은 돈을 들이는 것을 꺼려 했다. 헬멧 판매점에 가 보니 50만 동(한화 25,000원 정도)짜리가 그나마 쓸 만한, 어느 정도 안전한 제품이었다. 복지 차원에서 베트남 현지 직원들 모두에게 해당 헬멧을 구입해서 나눠 주었다. 이후로 채용하는 모든 현지 직원들에게도 헬멧을 지급하도록 규정화했다.

그런데 베트남 직원들의 반응이 묘했다. 고마워하면서도 뭔가 아쉬운 기색이었다. 알고 보니 '비싼 헬멧을 사 주느니 현금 보너스로 주었으면' 한다는 것이었다. 참고로 당시 현장 생산직 조장의 월급이 600만 동가량이었다.

그럴듯한 미래 비전이나 복지를 강화하는 시설 투자보다 당장의 현금 보너스를 더 선호하는 분위기. 한국에도 그와 비슷했던 시기가 있었다. 사실은 아직도 많은 회사가 그런 의식에 젖어 있을 것이라 생각된다. 조직 전체의 Jump-Up이 필요하다. 그러려면 상당한 노력을 기울여야 한다. 많은 사고착오와 시행착오를 겪어야만 한다. 지나고 보면 과거의 한순간으로 느껴질 것이다.

베트남과 친해지기 2. 도시락

베트남 현지 직원들과 좀 더 친해지고자 일주일에 이틀은 그들과 함께 점심을 먹었다. 그들이 평소에 먹는 도시락을 같이 주문, 회의실에 둘러앉아서 같이 식사했다. 1만 6천 동(한화 800원)짜리와 2만 동(한화 1,000원)짜리 도시락이 있었다. 10명 정도가 같이 모여서 식사했으며 도시락값은 내가 부담했다. 한 번에 20만 동이고 한 달이면 여덟 번 식사에 160만 동(한화 8만 원)이니 큰 부담은 되지 않았다. 플라스틱 식판에 밥, 구운 생선이나 튀긴 닭 한 조각, 삶은 나물류, 간장 비닐, 작은 매운 고추 한 개, 비닐봉지에 든 국이 전부였다. 한국 직원들은 꺼릴 정도로 질이 낮았다. 나 역시 그러했다.

한국 직원들은 대부분 한국 식당에 가서 식사했다. 김치찌개, 생선조림 등등 대부분의 식사가 10만 동(한화 5,000원) 전후로 당시로서는 한국과 같거나 조금 비싼 정도였다. 가까운 베트남 식당도 있었지만 직원들이 그 역시 꺼려 했다. 안남미는 금방 소화가 돼서 오후 서너 시면 배가 고파진다는 것이었다. 고수 향에 대한 거부감도 꽤 있었다. 한국 식당에서 1인 식사 비용이 예의 도시락 다섯 개 값 정도였다.

베트남 현지 직원들의 경우, 영어를 할 수 있는 사무직원 월급은 미화 500불, 생산 현장의 슈퍼바이저(조장)급 직원 월급은 600만 동(한화 30만 원) 전후였다. 점심 식사에 많은 비용을 쓸 수 없는 게 당연했다. 또한 베트남 사람들 대부분은 그처럼 가볍게 점심을 먹는 게 일상이었다.

현지 직원들에게 한국 식당은 비싸고 고급스러운 외국 식당이

었다. 분기에 한 번은 한국 식당에 모여 회식했다. 그러나 통상 월
례 회식은 좀 더 저렴한 현지 식당에서, 전체 직원이 모여서 푸짐
하게 식사와 맥주와 노래까지 즐기곤 했다.

일주일에 이틀은 현지 직원들과 사무실에서 함께 도시락을 먹
었고 하루는 베트남 부사장과, 하루는 베트남 회계장과 같이 점심
식사를 했다. 그리고 남은 하루 정도만 한국 직원들과 점심을 먹
는 것으로 정하고 되도록 지키려 했다. 특별한 경우 아니면 주로
베트남 현지 식당을 이용했다. 호찌민 시내라 쌀국수를 주로 파는
프랜차이즈 식당의 웬만한 밥값이 4~5만 동(한화 2,000~2,500원)
으로 현지 직원들에게는 매우 비싼 편이었다.

다행스럽게도 현지 음식이 입에 맞았다. 다양하게 현지 체험을
하고 싶은 마음에 길거리 좌판에서 파는, 플라스틱 목욕탕 의자에
쪼그리고 앉아서 먹는 저렴한 음식들도 많이 맛보았다. 다시 한번
경험하고 싶은 순간들이다.

베트남의 추억과 보람

베트남 국영기업과의 합작 사업에 협의 단계부터 참여하여 계
약 체결, 법인 설립, 공장 건설까지 근 3년간 베트남에서 살면서

업무를 수행했다.

앞서 설명한 것처럼 처음에 합작 계약을 하던 즈음, 나를 향한 베트남 측 관련 인사들의 시선은 곱지 않았다. 그리고 나는 그들과 바람직한 신뢰 관계를 만들고자 최선을 다했다. 어떠한 경우건 베트남 측 이사진들의 의견을 최우선으로 존중하여 수용하려고 노력했다. 어떤 사안이건 사전에 충분히 설명하고 이해를 구했으며 그래도 도저히 합의되지 않는 부분이 있을 때는 휴일에라도 관계자의 집 근처 식당으로 찾아가 아침 식사를 나누며 대화로 풀었다. 개인적인 이야기도 많이 나누었고, 나중에는 부인과 아들 등 가족들과도 함께 자연스럽게 식사를 나누는 관계까지 발전했다. 업무적인 부분 외에도 관계자와 부인의 생일을 챙기는 등 여러모로 노력을 기울였다. 그러다 보니 상호 신뢰하는 인간관계가 자연스럽게 형성되었다. 오히려 베트남 인사들이 더 많이 나를 찾게 되었고, 부모님 기일 잔치에 초대를 받기도 했다. 참고로 베트남에는 부모님 기일을 동네 잔치처럼 성대히 준비해 마을 사람들과 친구를 초대하고 음식과 술을 나누며 즐기는 풍습이 있다.

공장 건설을 한창 진행하던 중, 한국 본사에서 나를 불렀다. 베트남 생활을 중간에 접고 한국으로 복귀해야 할 시간이었다. 그런데 이는 현지 합작 법인의 총사장에 대한 변경 사항으로, BOM(Board of Management: 이사회. 미국 등지에서는 통상 BOD로 표현함)에서 결정해야 할 사항이었다. 몇 차례 BOM을 열어 논의했는데 그때마다 베트남 인사들이 나의 한국 복귀를 반대했다. 프로젝트를 처음부터 진행해 온 사람이고 현재 공장이 한창 건설 중인데 법인 총사장을 바꾸는 것은 적절하지 않다, 합작 파트너인 민 사장의 역할에 지금까지 많은 이들이 만족하고 있다, 갑자기 바꿀 이유가 없다는 의견들이었다.

계속 합의를 보지 못한 채 두 달의 시간이 흘렀다. 한국 본사가 재차 개인적으로 귀국할 수밖에 없는 사유를 만들어서라도 설득하고 속히 들어오라고 지시를 내렸다. 참으로 난감했다. 업무적으로나 개인적으로나 워낙 가깝게 지내 온 터라 내 웬만한 개인사는 속속들이 알고 있는 베트남 친구들이었다. 뭔가 그럴듯한 핑계를 만드는 게 쉽지 않았다. 내게 신뢰와 믿음을 가진 합작사 사람들을 떠나기 위해 거짓말을 해야 한다는 것 또한 내키지 않았다.

사실대로 정면 돌파를 하되 아주 완곡한 방법으로 양해를 구해 보고자 마음먹었다. 베트남 BOM 의장과의 첫 한국 만남에서부터 현재에 이르기까지 수많았던 일들, 낯선 사람을 처음 만나고 가까워지는 관계에 대한 부분, 프로젝트를 마무리하지 못하는 아쉬움, 이제 얼마 남지 않은 프로젝트는 걱정하지 않아도 될 것이라는 확신, 한국 본사에서 나를 호출하는 어쩔 수 없는 상황 등등을 서신에 정리했다. 통역을 대동하고 그들을 만나 이런 내용들을 차근차근 설명했다. 그리고 헤어지면서 서신을 건넸다. 며칠 후, 베트남 측으로부터 연락을 받고 그들을 다시 만났다. 그리고 다음과 같은 이야기를 들었다.

"합작 파트너로서 우리 회사는 민 사장의 한국 복귀에 아직도 반대한다. 합작 법인의 BOM 의장 입장으로도 반대다. 그럼에도 우리는 민 사장의 한국 복귀에 동의할 수밖에 없다. 우리가 계속 반대하면, 나중에라도 민 사장이 한국 본사에서 불이익을 당할지 모른다는 생각에서다. 그만큼 우리는 민 사장을 좋아하고 아낀다."

그렇게 해서 무사히 복귀 절차를 시작할 수 있었다. 마음은 무겁고 발길은 좀처럼 떨어지지 않았다. 그러나 마음 한구석에는 뿌듯함이 있었다. 고맙고 그리운 사람들이다.

4. 운영 2

사람은 시스템을 만들고
시스템은 사람을 만든다

경영 제1의 툴, '회의체'

월 임원 회의, 월 손익실적 회의, 분기 중장기전략 회의, 반기·
연간 사업계획 회의, 관련 임원 주간회의, 임원이 주재하는 부서
장 참석 주간회의, 팀장이 주재하는 팀원 참석 주간회의, 생산판
매 회의, 무재해 회의, 일일 운영 회의, 관련 부서 간 수시 업무 협
의 등등 회사에는 무수한 종류의 회의가 존재한다.

"회사에 회의(會議)가 너무 많아. 정말 회의(懷疑)적이야."
"회의 때문에 일할 시간이 없다니까. 오늘도 야근해야겠네."
"회의랍시고 매번 보고만 하고 결정이나 지침은 없어. 그럴 거
면 회의를 왜 하는 건지."

회의를 좋아하는 직원은 대체로 없는 것 같다. 그래서 거의 모든 회사가 좀 더 효과적으로 회의를 운영하기 위해 노력하고 있는 것도 사실이다. 효과적인 회의를 운영하려면 주최자는 미리 여유 있게 회의 시작 시간 등을 공지하고, 참석자는 회의 참석 전에 미리 충분히 준비하고, 회의 중에는 누구건 타인의 발언을 중간에 끊지 말고 경청하며, 회의가 끝나면 당일 안에 회의록을 작성해서 공유하고, 각자 해야 할 일을 명시하고 후속 조치를 취해야 한다. 그 밖에도 효과적인 회의 진행을 위한 제언들은 다양하다. 효율적인 회의를 운영하는 게 말처럼 쉽지 않다는 방증일 것이다. 교과서적으로 정해진 회의체 구성이나 운영안을 찾는 것보다 회사의 업종, 규모, 조직 형태, 일하는 문화 등에 따라 최적화된 회의체를 구성하는 것이 중요하다. 회의를 주관하는 간부급·임원급 인원들을 위한 효율적 회의 운영 교육은 물론 경영환경이나 사업 진행 상황 등에 맞춰 지속적으로 회의체를 점검하고 변화를 주려는 의지가 필요하다. 적어도 부서장급 이상이 참석하는 회의체에 대해서는 연간 회의 일정을 미리 정해서 이를 전 직원이 공유하도록 해야 한다. 전 직원 전 부서가 이 일정에 맞춰서 연간 업무 일정 계획을 수립할 수 있기 때문이다.

어떤 오너는 자신의 일정을 미리 정하기도 어렵고 직원들에게 미리 알려 주고 싶지 않다는 이유에선지 수시로 급하게 회의 일정을 정하거나 반대로 예정된 회의 날짜나 시간을 갑자기 변경하기도 한다. 회의는 깜짝 이벤트가 아니다. 생일 모임이나 제사 등 집안 행사를 앞두고도 가족들끼리 사전에 일정을 공유한다. 직원과의 약속인 회의 날짜와 시간을 멋대로 좌지우지하는 오너가 있는 한 회사는 제대로 굴러갈 수 없다.

위에서 본 것처럼 회의체 구성과 회의 운영, 그 필요성이나 효과 등에 부정적인 생각을 갖는 직원이 적지 않다. 회의에 대한 기본적인 시각을 다시 한번 정리해 볼 필요가 있다. 다음은 회의의 필요성에 대한 이해를 돕기 위해 썼던 글이다.

보통 회의라고 하면 여럿이 모여서 토의를 하는 것으로 생각하는 경우가 많다. 하지만 회의에는 다양한 방식과 유형이 있다. 가장 흔한 유형은 보고다. 진행 상황이나 현상에 대해 보고하고 지침을 받거나 경영진이 그 보고를 의사결정에 활용하는 것이다. 부하 직원의 입장에서는 단순한 보고에 불과한 것 같지만 이는 상당히 중요한 보고 회의다. 또 다른 회의의 유형은 공유다. 회사 안팎에서 일어난 현상이나 결과를 회의석상에서 공유, 많은 인원과 부서가 거기에 맞추거나 조정해서 업무를 수행하게 하는 것이다. 마지막 회의 유형은 토의나 협의를 거쳐 의사결정을 하는, 일반적으로 많이 이야기하는 의사결정 회의다.

통상 회의란 이러한 세 가지로 구분되며 그때그때 사안에 따라 상황에 따라 세 가지 기능과 목적이 혼용되어 운영된다. 이렇듯이 회사에는 사안별로 상황별로 무수한 회의가 만들어지는데, 앞서 이야기했듯 적절한 규모와 빈도의 회의를 어떻게 운영하는가가 대단히 중요하다. 한 회사가 나름의 독특한 회의체를 설정하고 고유의 운영 툴을 만들어 운영하는 것은 회사의 영업비밀에 해당할 만한 자산이다.

숫자보다 글이 많아야 진정한 사업계획

1990년대 후반, 지방 중견기업에 근무할 당시의 일이다. 향토기업으로 규모는 작지만 수익성이나 재무구조가 양호한, 소비자가 조합에서 대출을 받아 제품을 구매하는 구조였다. 대금 회수가 비교적 안정적이라 오랜 기간 주거래은행으로부터 연간 회전자금 대출이라는 우호적인 자금 지원을 받고 있었다. 따라서 연말, 연초에 사업계획서를 작성하고 이를 (IMF 금융위기 때 합병으로 사라진) 주거래은행에 제출하여 연간 자금 지원을 확정하는 것이 대단히 중요한 업무였다. 제출하는 사업계획서는 A4용지 20페이지 정도 분량이었다. 연혁 등 회사 소개, 연·월간 사업량 및 매출 계획,

생산 계획, 주자재 구매 계획, 판매·관리비, 연간 손익 및 자금 운영 계획 등 전체 내용이 숫자로만 되어 있었다. 사업 환경 분석, 목표 추진 전략, 달성 방안, 기타 연간 업무 운영 계획 등 정성적인 내용은 전혀 없었다. 사업을 어떻게 달성할 것인가에 대한 내용은 없이 목표 숫자만 있는 사업계획으로 심의를 받아 연간 수백억 원의 자금을 지원받았던 것이다. 당시의 분위기가 그러했는지는 알 수 없지만 기업으로서는 너무도 손쉽게 연간 운영자금을 지원받는 셈이었다. 반면에 은행으로서는, 물론 열심히 심사하겠지만, 지금 기준으로는 너무도 엉성한 자료로 인한 리스크가 있지 않았나 하는 생각이 든다.

비교적 최근에 근무한 목재 관련 회사에서도 유사한 경험을 했다. 사업계획 내용이 수량, 매출액, 손익 위주의 숫자뿐으로 경영 환경 분석, 경쟁사 동향, 분야별 업무 목표, 추진 전략과 달성 방안, 기타 일반 지원 업무의 운영전략 등은 거의 없었다. 게다가 사업계획 수립 주무 부서에서 공지하여 진행하는 사업계획 수립 일정을 보면 20여 일 동안 사업계획을 수립하고 이후에는 10일 간격으로 4, 5차까지 보고 승인하는 일정이었다. 일찌감치 수량과 매출 손익을 작업한 뒤 이후에는 계속 매출을 올리든가 이익을 높이든가 등으로 수정하는 식이었다. 이 과정에도 어떠한 근거, 분석, 전략도 없었다. 그저 최고경영자의 지시에 따라 엑셀 속 숫자를 수정해 가며 수량을 높이든가 단가를 높이든가 구매 단가를 낮추든가 하는 수준이었다. 최고경영자의 지침과 지시에 어떠한 근거나 분석, 전략 등이 있다고 보기도 힘들었다. 최고경영자나 임원들의 이름으로 발표되는 사업 비전, 익년도의 목표, 환경 분석을 통한 추진 전략과 달성 방안, 업무의 운영 방안 등은 전혀 없었다. 다만 부서장들이 생각하는 범위와 역량 내에서 모든 것이 단숨에, 숫자로 만들어졌던 것이다. 그러다 보니 사업계획과 실적의 차이가 너무 커서, 그 비교 자체가 의미가 없는 경우도 있었다.

부서장들이 모두 참석하는 손익실적 분석 회의 때, 내가 이렇게 질의했다.

"실적과 사업계획의 차이가 너무 많이 납니다. 목표를 달성할 방안은 없나요?"

그러자 영업 이사와 생산부장이 이구동성으로 답했다.

"죄송하지만 그 사업계획을, 저희가 짠 게 아니라서요."

"아니 그럼 그걸 누가 짰다는 말인가요?"

"부사장님이 짜셨습니다. 목표를 올리라는 지시를 여러 차례 하셔서, 그렇게 정해진 겁니다."

황당한 이야기였다. 설령 그게 사실이라고 해도, 영업 이사와 생산부장의 자세는 너무도 무책임하고 전형적인 것이었다. 소위 대기업이라는 이름이 어울리지 않는 수준 낮은 경영이요, 무책임한 임직원들이었다. 이러하니 사업계획을 달성 못 하는 것도 당연하다는 생각이 들었다.

회사를 총괄하는 경영자와 부문 또는 사업 단위를 책임지는 임원들은 최근 시장 동향, 경쟁사 상황, 회사의 현 상태와 잠재 역량 등을 감안하여 익년도의 모습을 구체적으로 그린 뒤 기본 전략과 달성 방안을 수립해야 한다. 이에 대해 해당 간부들과 심도 있는 협의를 거쳐 1차로 확정하고, 이 내용을 각 부문에 지침으로 전달해야 한다. 각 부문들은 이를 기본으로 내부 협의를 가진 다음 더 하위 단계에서의 목표, 전략, 실행 방안을 수립해야 한다. 이렇게 수립된 실행 방안을 계량적으로 바꾸어서 매출, 손익 등의 숫자로 확정해야 한다. 이것이 일반적인 사업계획 수립 절차다. 영업, 생산 등의 SCM뿐 아니라 설비, 환경, 총무, 안전 등의 정성적 지원 부문도 위와 같은 방식으로 사업계획을 수립해야 한다.

바람직한 사업계획서는 어떻게 구성되는가.

비전, 환경, 목표, 전략, 달성 방안 등의 글자로 표현된 정성적 부분이 60~70퍼센트, 판매 수량, 매출, 원가 손익 등의 숫자로 표현된 정량적 부분이 30~40퍼센트일 때 가장 좋은 사업계획이라고 생각한다.

사업계획서에는 숫자보다 전략 등을 담은 글이 더 많아야 한다. 목표 숫자가 아니라, 어떻게 해야 할지 방향을 제대로 제시하고 운영 지침을 구체적으로 설명해야 한다. 모든 직원이 공감할 수 있는 구체적인 목표 달성 방안이 포함되어야 한다.

인사가 능能사

'인사가 만사'라고 한다. '제일 중요한 것은 사람'이라고도 한다. 조직이 발전하려면 인재가 중요하다는 의미다. 지당한 말씀이다. 조직문화라는 기반 위에서 사람과 시스템으로 운영되는 것이 회사다. 그런데 조직문화의 중심 주체가 사람이요, 시스템을 구성하는 주체도 사람이다. 결국은 사람인 것이다.

회사의 현재와 미래에 적합한 방향성을 가진 인재, 자발적인 의욕이 가득한 인재가 많을수록 성장과 발전은 필연적이다. 다만 시간이 문제다. 이러한 우수 인재들이 지치지 않고 새로운 의욕을 지속적으로 발휘하도록 곁에서 이끌어 준다면, 경제적 보상 역시 일정 수준 이상 유지해 준다면, 그들의 충성도와 몰입도는 더욱 높아진다. 결국 회사는 일류 기업의 반열에 올라서고야 만다. 직원들 70~80퍼센트가 중상 수준의 인재들로 구성되어 있으며 그들을 지속적으로 육성하는 선순환 운영 체제가 만들어진다면 회사는 우수 일류 기업으로 롱런한다.

따라서 회사는 회사의 경영에 지대한 영향을 주는 강력한 인사 시스템을 갖춰야 한다. 우수하고 노련한 인재들이 이러한 시스템을 운영해야 한다. 규모와 시스템, 인적 역량이 일정 수준에 도달하면 모든 것이 저절로, 올바른 방향으로 움직이는 순환 체제가 만들어진다. 이와 동시에 수년간 축적되어 온 내부 역량이 극대화, 어느 순간 폭발적인 성과가 실현된다. 이러한 과정 속에서 중소기업은 중견기업으로, 중견기업은 대기업으로 성장한다. 이 뿌듯한 성장 기간에 근무하는 임직원은 좋은 환경 속에서 어렵지 않게 성과와 보람을 거두는 신의 직장 생활을 경험한다. 그런데 여기서 간과해서는 안 될 부분이 있다. 그 수준에 이르기까지, 어느 한 세대의 헌신적 희생이 있어야만 한다는 사실이다. 국가의 경우도 마찬가지지만 조직의 역사는 특정 세대의 노력과 희생을 밑거름 삼아 성장하고 발전한다. 따라서 조직의 성장을 위해서는 그 밑거름이 되어 줄 노력과 희생의 주인공들을 채용하고 육성하고 꾸준하게 동기부여하고 적절히 보상해야 한다. 이를 위한 인사 시스템이 얼마나 중요한지는 부연 설명이 필요 없다.

경영환경 전반이 그렇지만 사람 역시 계속 변화하기 마련이다. 사업이 당면한 위치와 단계에 따라 수시로 인사 운영 시스템을 업그레이드하고 운영 팩터를 수정해야 한다. 크게 창업기, 성장기, 성숙기, 쇠퇴기로 분류되는 각각의 시기도 처해 있는 상황에 따라 세

분화된다. 인사 시스템도 이에 따라 달리 운영되어야 한다. 창업 초기일 때와 성장기에 있을 때, 필요한 임직원의 특성과 자질이 다른 만큼 이를 위한 교육과 계발 방법이 달라져야 한다. 성장기에 있을 때와 성숙기에 있을 때, 평가 등급 비율과 보상 체계 등도 당연히 달라져야 한다. 인사 부서에서 결정하는 교육 내용과 평가 비율, 보상 정책의 정도는 직원들에게 상당히 예민한 문제다. 그에 따라서 조직 분위기와 성과가 극명하게 좌우될 수밖에 없다. 주식 시장에서 평가하는 회사 가치 또한 당연히 달라질 수밖에 없다.

이렇게나 중요한 인사 시스템의 출발점은 당연히 오너다.

회사가 창업이나 신사업을 준비할 때, 오너가 어떤 사람이냐에 따라 그 시작점이 달라진다. 오너가 어떤 사업 분야에 관심을 가지고 있는지, 어떤 경영 철학과 목표를 갖고 있는지, 어떤 미래를 그리고 있는지, 어떤 조직문화와 분위기를 추구하고 있는지에 따라 회사의 운명은 다르게 결정된다. 회사 조직원들의 업무 분위기를 결정하는 것도 오너의 가치관이다. 이러하니 '인사의 출발점은 오너'라 하지 않을 수 없다. 인사관리의 많은 부분이 전문 경영자나 관리자들에게 위임되는 것은 사실이지만, 그럼에도 결국은 오너가 희망하는 사람이 채용되기 마련이다. 그렇게 채용된 임직원은 오너가 원하는 역할을 잘 수행할 수 있도록 업무를 배우기 마련이다. 임직원 모두 오너와 같은 방향을 바라보기 마련이다.

오너의 기대치에 얼마나 부합하는 역할을 수행했는지, 향후 가능성은 얼마나 되는지에 따라 직원들의 연봉 등 처우가 결정된다. 오너의 기대치에 못 미치고 미래 모습도 불명확하다면 그에 따른 불이익이 주어진다. 평가 결과 C, D 등급을 받을 경우 한두 번의 기회가 부여되고, 그럼에도 결과가 좋지 않으면 한계 인력이나 부진 인력으로 분류되어 퇴출 대상이 될 수 있다. 오너 한 사람에 따라 지나치게 많은 것이 결정된다고 생각해 보면 오너의 평가에 따른 결정이 아니라 오너의 회사 비전에 따른 결정이다. 오너의 회사 비전에 의해 구축된 인사 시스템에 따른 결정이다.

요는 선진적인 인사 시스템이다.

회사의 성장과 발전, 임직원의 생산적인 직장 생활과 그로 인한 성취감은 결국 얼마나 정교한 인사 시스템이 존재하는지 그것이 얼마나 명확하게 작동하는지에 달려 있다. 그리고 그 같은 인사 시스템은 오너에 의해 만들어진다. 오너의 경영 철학, 기업가 정신, 성취욕, 가치관 등이 중요한 것은 그 때문이다. 뒤집어 말해 오너다운 자질과 철학을 가진 오너가 있는 회사를 선택하는 것이 임직원에게는 무엇보다 중요한 일이라고 할 수 있겠다.

같은 직급이라도 사내에서 CHRO(Chief Human Resource Officer: 최고 인사 책임자)의 권한이 가장 많고 연봉 또한 상대적으로 높은 이유는 분명하다. 회사의 성장과 발전에, 조직과 임직원 개개인에 미치는 영향력이 지대한 자리이기 때문이다.

회사의 인사 시스템이 오너의 경영 철학에 의해 구축된다면, 인사 시스템의 올바른 구현과 운영은 인사 책임자의 철학과 사명감에 의해 완성된다.

당신이 근무하는 회사의 인사 시스템은 과연 어떠한가.

효율적인 인사 시스템은 회사의 미래다

안타깝게도, 이처럼 중요한 인사 시스템이 제대로 갖춰지지 않은 중소중견기업이 생각보다 많은 것 같다. 오너와 경영층의 무관심 또는 무능함으로 인사 기능이 제대로 작동하지 않는 것이다. 지금이라도 회사는 장기적인 성장과 발전을 위해 적합한 인사 전문가를 고용하고 문제 해결에 나서야 한다. 그러나 현실은 여전히 녹록지 않다. 인사만큼은 내가 직접 해야 한다고 고집을 부리는 오너들이 대부분이다. 어째서일까. 오너가 자신의 영향력을 행사하고 싶어서다. 인사관리 자체를 임직원 통제 수단으로 생각해서다. 그리하여 인사 부서의 업무는 급여 계산 등 기본적인 기능만을 수행하도록 하는 것이다.

이러한 환경이라면 임직원들의 동기부여가 제대로 될 리 없다.

조직을 향한 충성도나 몰입도도 낮아질 수밖에 없다. 회사 실적은 안 좋아질 수밖에 없다. 직원들에게 제공되는 교육·계발의 기회도 적어질 수밖에 없다. 전체적으로 침체된 조직 분위기 속에서 저성과가 이어질 수밖에 없다. 직원들의 급여와 처우가 형편없어질 수밖에 없다. 악순환이 반복되며 회사는 장기적인 침체기로 들어갈 수밖에 없다. 회사가 가진 것들 가운데 절대적으로 중요한 인적 자원이 엉터리로 관리되고 있으니, 이런 회사에서는 성장과 발전을 기대할 수가 없다.

나 역시 위에서 언급한 것과 유사한, 인사 기능이 제대로 작동하지 않는 회사 상황을 경험한 바 있다. 지주회사 체제였고, 인사·노무 기능은 지주회사 소관이었다. 그런데 채용, 육성, 평가 보상 등 중요 업무의 기준과 원칙이 없다시피 했다. 자회사에는 인사 담당자가 아예 없었다. 따라서 일상적으로 발생하는 인사 관련 사안들이 제대로 조치되기는커녕 인지조차 되지 않는 상황이었다. 이러다 보니 직원들의 마인드나 업무 태도가 뒤죽박죽 엉망이었다. 회사에 대한 애정이나 충성도를 기대하기 힘든 상황이었다. 인사 팀장은 최고경영자의 비서처럼 온갖 업무에 동원되기 바빴다. 무엇보다 중요한 본연의 인사 업무를 제대로 처리할 시간도 없고 능력도 없었다. 인사 담당 임원과 총괄 임원은 실무와 거리가 먼 명예직 인사들이었다.

여러 직원의 의견에 따라 근무시간 변경 등의 내용을 인사 담당 임원과 최고경영자에게 전달했는데, 아무리 기다려도 피드백이 없었다. 어떠한 방침도 원칙도 의지도 없었다. 조합과도 협의하는 것 같지 않았다. 한술 더 떠서 노동조합장은 연초의 조합장 선거를 염두에 두고 선거 전에는 어떠한 협의도 하지 않겠다고 못을 박았다. 인사 업무와 관련된 문제들을 조합장 선거에 이용하는 황당한 상황이었다. 제대로 업무가 진행되지 않았고, 결국 불법으로 운영될 수밖에 없었다.

규모가 크건 작건 조직이 효율적으로 가동되고 조직원들이 원활하게 움직이게 하려면 인사 시스템을 제대로 가동해야 한다. 한두 사람에게 의존할 문제가 아니다. 인사 시스템은 회사의 장기적인 성장과 발전을 위한 기초 동력이다. 특히 중소기업의 경우, 인사 시스템의 부실은 곧장 인력난으로 이어지며 사적으로 큰 어려움을 맞을 수 있다. 처음부터 하나씩 준비하고 바른 운영 체제를 만들어 나가야 한다. 그래야 미래를 기대할 수 있다.

약점은 약하게, 강점은 강하게

많은 사람이 약점보다는 강점을 보라고 한다. 강점은 더 발전시키고 약점은 고치고 보강하여 활용하라고 한다. 맞는 이야기다. 그러나 말처럼 쉽지가 않아서 문제다.

현실적으로 회사 임직원 가운데 누군가 대단한 강점을 갖고 있으며 이것이 두드러지게 드러나는 경우 자체가 그리 흔치 않다. 누군가의 약점을 찾고 보강하는 일에도 상당한 시간과 노력이 투입되어야 한다. 쉽게 고칠 수 있는 것이라면 이미 약점이 아닐 것이다. 예의 약점을 보강할 수 있는 시기가 이미 지난 경우도 적지 않을 것이다.

경험적으로 봤을 때, 과장까지는 교육의 효과가 있다. 그 이상의 직급과 나이에 이르면 교육으로는 변화되기 어렵다. 많은 부분이 굳어지고 만 것이다. 달리 뾰족한 대안은 없다. 꾸준히 쉬지 않고 조금씩이라도 자주 학습하고 노력하는 것이 최선이다.

건설업체를 상대하는 영업 부서의 총괄 임원 A. 직원들과의 호흡, 거래선과의 관계 유지, 감성적 인간관계 등의 강점이 분명했다. 시장 상황과 업체를 잘 파악한다는 것도 강점으로 평가되었다. 약점으로는 주로 개인적인 친분과 접대 등에 의존하는 구시대적 영업이 지적되었다. 내부 관리 체계를 짜임새 있게 구성하고 운영하는 부분 역시 부족하다는 평가가 있었다. 마케팅, 영업 지원, 채권 관리 등 영업 간접 부문의 업무 능력도 떨어지는 편이었다.

A의 약점에 대해 몇 차례 지적이 오갔지만 큰 변화는 보이지

않았다. 게다가 그즈음 건설 경기 침체로 실적마저 저조한 상황이었다. 오너와 고위 임원 몇몇이 더 이상 가능성이 없다고 판단, A를 퇴직시키고 적합한 임원을 외부에서 영입하는 쪽으로 방향을 잡았다.

당시 A는 건설사를 대상으로 하는 특판 영업 세계에 최적화된 임원이었다. 그것이 최고의 장점이었다. 어지간해서는 A를 대체할 수 있는 사람이 없을 것 같았다. 어쨌거나 A의 장점은 극대화하고, 부족한 관리 능력 등은 어떻게든 보강하도록 노력하면 될 것도 같았다. 고민을 거듭하던 차에 마침내 사내에서 적절한 인원을 찾았다. 신입 사원으로 입사하여 현재는 부장 직급으로 일하는 홍보팀장 B였다. 회사 전반에 대한 이해도가 높고, 특별한 전문성을 가진 분야는 없었지만 두루두루 여러 업무를 섭렵한 덕에 얕지만 다양한 방면의 업무 경험이 있었다. 특히 오래 근무한 만큼 사람을 많이 알고 있어 여러 분야의 지원과 협조를 받아야 하는 해당 사업 본부의 적임자였다.

B에게 본부의 관리 전체를 맡겨 중요한 사안들을 의사결정하도록, A는 핵심 영업과 거래선 관리 등 필드에만 전념할 수 있도록 했다.

결과는 만족스러웠다. 능률과 성과는 올라가고 조직 관리는 안정적으로 운영되었다. 업무 분장 개편의 성공적인 사례였다. A로

서는 약점이던 관리 업무에서 해방, 자신의 장점인 필드 영업에만
더욱 전념하게 되었다. B로서도 관리 적임자로서 전담받은 역할
에 충실할 수 있었다. 이후 A는 독립하여 별도의 특판 전문회사를
성공적으로 운영하고 있다고 한다.

강점을 살리고 약점을 보강하려면 먼저 강점과 약점을 정확하
게 파악하고 필요충분 요인을 찾아내야 한다. 눈에 보이는 부분만
이 아닌, 조직의 측면에서 꼭 필요한 부분을 찾아 조치해야 한다.
그래야 약점을 완벽하게 보강할 수 있다. 동시에 강점을 더욱 꽃
피울 수 있도록 조직과 인원을 재편해야 한다. 이를 위해 오너는
물론 인사 담당자의 역할이 중요하다. 사람과 조직의 구석구석을
들여다보는 섬세하고 진중한 시각이 중요하다.

지금 시작해도 늦은 인재 육성

결국 회사는 인재를 육성해야 한다. 최고경영자는 자기 시간의
적어도 50퍼센트는 인재 발굴, 영입, 육성에 사용해야 한다. 잭 웰
치는 이 분야에 자기 시간 70퍼센트 이상을 할애했다고도 한다.
인재 전쟁이라는 말이 있다. 좋은 사람을 채용하고 인재로 육성하
는 일은 기업의 현재와 나아가 미래를 담보하는 일이다.

오래전 인사교육 프로그램에 참가했을 때의 일이다. 강사로 초빙된 삼성의 인사 팀장이 삼성의 인재 발굴 시스템과 규모, 방법 등을 자세히 소개했다. 삼성의 경우 전체 인사 업무 가운데 일부인 인재 영입 부서에만 엄청난 수의 인원을 투입하고 있었다. 전 세계 우수 대학과 연구소의 박사급 고급 인력을 영입하기 위해 종종 해외에 나가서 인재를 발굴한다고 했다. 그렇게 영입된 인력을 어떻게 관리하는지 등을 접하고는 고개를 끄덕이며 감탄하지 않을 수 없었다.

그러나 중소중견기업들이 삼성과 같이 할 수는 없다. 인재 발굴에 삼성처럼 많은 인원을 가동했다가는 살림이 남아나지 않는다. 그 이전에, 그처럼 인재를 발굴하고 육성하고 기획하고 운영할 인적자원풀이 없을 것이다. 급여와 복지 수준이 동종 업계보다 떨어지는 회사라면 인력 육성은커녕 현상을 유지하고 운영하는 일도 어려울 것이다.

우수 인력을 채용하고 육성하는 것은 회사 전체적으로 대단히 중요한 일이다. 그러나 직원들에게는 이것이 당연하게 받아들여지지만은 않는 것 같다. 전반적인 급여와 복지 수준이 낮은 업체의 직원이라면 '우수 인재를 채용하고 육성하는 것도 중요하지만 지금 있는 직원들의 처우부터 개선해 주는 게 순서 아닌가' 하는 마음이 생길 수도 있다. '내 업무 능력이 사내에서 중간은 가지 않을까' 생각하는 50퍼센트 이상의 인원들이라면 더욱 그러할 것이다.

우수 인재 육성 프로그램을 만들고 가동하려면 그에 앞서 직원들의 급여 등 복지 수준이 어느 정도인지 되돌아봐야 한다. 가능한 범위에서 동종 업계나 지역사회의 중상위권이 될 수 있도록 노력해야 한다. 또한 신규 채용보다는 기존의 직원들 가운데 일부를 선발하고 집중 육성하는 모습을 보여야 한다. 제한적이기는 하지만 순차적으로 모든 직원이 그 대상이 될 수 있다는 사실을 반복적으로 홍보해야 한다. 그래야 위와 같은 불만 등 부작용을 원천적으로 차단할 수 있다. 이것이 우수 인재 정책에 성공할 수 있는 또 다른 방법이다.

대리급과 과장 1년 차 직원들 가운데 가능성이 보이는 우수 인력을 첫해 8명 선발하여 1년의 우수 인재 육성 프로그램을 운영했다. 월별로 학습 테마를 주어 스스로 학습하게 했으며 월 1회 외부에서 풀데이 모임을 갖고 학습한 부분을 발표, 공유, 토의하도록 했다. 점심 식사는 최고경영자와 함께하면서 회사의 각종 현안에 대해 토론하고, 제반 건의사항과 개인적인 사안들까지 이야기하는 시간도 가졌다. 이와 별도로 평상시에 외국어 등 기타 필요한 교육을 최대한 받을 수 있도록 했다. 그뿐만 아니라 국내외 사업장을 순회하면서 회사의 글로벌 상황 체험은 물론 현지 직원들과 업무적 · 개인적 교류를 갖도록 했다. 실제로 이 시기에 내가 동행하면서 말레이시아, 호주 등 해외 사업장을 방문 견학했다.

처음에는 직원들이 우수 인력풀을 일컫는 프레시보드Fresh Board를 파이버보드Fiber Board라고 지칭하는 등 시기하고 질투하는 분위기였으나, 얼마 지나지 않아 선망의 대상으로 자리 잡았다. 관련 프로그램을 4년에 걸쳐 3회 운영했다. 모두 25명의 인원이 우수 인력으로 육성되었다. 그렇게 10여 년이 지나니 그들 중에서 임원은 물론 우수한 성과를 내는 부장급 직원들이 다수 나왔다. 모두들 회사에 없어서는 안 되는 핵심 인재로 성장한 것이다. 그런가 하면 당시에 많은 해외 사업장을 보유하게 되었는데, 우수 인력 대부분이 그곳에 나가 근무하면서 탁월한 성과를 내고 조직과 사업을 안정시키는 데 크게 일조했다. 우수 인재 육성 프로그램을 기획하고 진행한 나로서는 더없이 뿌듯한 일이었다.

시작은 이렇게

직장 생활을 33년 넘게 하면서 크고 작은 회사를 네 곳 경험했다. 나름 열심히 일했고 다행히 성과도 괜찮았다. 주변 사람들로부터 일을 너무 많이 벌인다, 쉬엄쉬엄 하라는 이야기를 많이 들

었다. 이제 와서 생각하면 그 충고를 들을 필요가 있었다는 생각
도 든다.

학교생활이든 회사 생활이든 처음이 중요하다. 특히 회사 생활
은 누구와 어떻게 시작하는가가 대단히 중요한 요소다. 처음에 배
우고 겪으며 익숙해진 태도와 사고방식이 회사 생활뿐 아니라 가
정생활과 사회생활을 넘어 삶 전체에 영향을 주기 때문이다. 웬만
한 노력 아니고는 그것을 바꾸기가 쉽지 않기 때문이다.

첫 직장 생활을 그룹 대기업에서 시작했다. 처음 맡은 분야가
자금 업무였는데 회계 쪽과 연결이 많이 되었다. 12월 중순에 입
사해서 3월 말까지 거의 매일 야근을 했다. 연말 결산을 해야 했
고, 합작기업이라 3월 주주총회 전에 경영 회의를 준비했고, 주주
총회를 치러야 했다. 거의 매일 야근했다. 오후 6시 전후에 잠깐
나가 저녁 식사를 하고 들어와서 9시까지 업무를 보고는 퇴근하
면서 술 한잔을 빼먹지 않았다.

매일 반복적인 일상이었다. 매일 시간에 쫓기느라, 언제부턴가
는 아예 저녁 식사를 거르고 저녁 8시경까지 일한 다음 퇴근해서
식사와 음주를 겸했다. 같이 근무하던 동료들 대부분 술을 좋아하
는 편이라 거의 반주로 또는 그 이상으로 매일 술을 마셨다. 젊어
서 건강은 괜찮았다. 습관적으로 술을 마셨으며 이때의 습관이 최
근까지도 이어지고 있다. 술이 나쁜 건 아니지만 절제해야 한다는

생각을 전혀 안 했다. 매일 야근하면서 식사와 음주가 반복되니 배가 나오기 시작했고, 어느 순간 나도 모르게 뽈록 나온 배를 보고 무척 놀란 기억이 있다.

입사해서 5년쯤 지났을 때다. 영업 부서에 근무하는 입사 동기 C가 일본어를 꽤 잘 하더라는 어느 임원의 말을 들었다. 일본 기업과 합작회사여서 사장이나 전무 등 몇몇 임원들은 일본어를 제법 하는 분위기였다. 1980~1990년대에는 일본어가 유행이기도 했다. 나중에 이야기를 들어 보니 C는 입사하면서부터 5년 넘게 일본어학원 아침반을 매일 수강했다고 한다. 영업 업무를 담당했으니 일본어가 꼭 필요하지도 않았을 것이다. 업무 특성상 거래처 사람들과 종종 저녁 식사를 하거나 술 접대도 많았을 것이다. 그럼에도 매일 아침 학원을 나갔다는 것이다.

느낀 바가 많았다. 나 역시 일을 열심히 하지 않은 것은 아니었으나 그게 다였다. 뭔가 그 이상의 노력이 있었어야 했다.

회사 신입 사원들과 처음 식사하는 자리에서 항상 하는 이야기가 세 가지 있다.

첫째, 같이 술을 마실 때 절대 고개를 돌리지 말 것.

집안 어르신이나 은사님 앞에서는 고개를 돌려 예를 갖추는 게 당연하지만 내 앞에서는 하지 말라고 했다. 비록 내가 나이도 많고 직장 상사지만 같이 일하는 동료라는 점이 무엇보다 중요하다고 했다. 나이나 직위는 잊고 일대일의 대등한 관계로 서로를 대하는 게 좋다고 했다. 생활이든 일이든 떳떳하게 자신감을 갖고 생활하라고 했다.

둘째, 과장이 되기 전 약 7~8년 동안 두세 가지의 업무를 경험해 볼 것.

연구원처럼 직무를 바꾸기가 어려운 전문 분야라면 힘들겠지만, 회사와 부서의 상황에 따라 다르겠지만, 가능하다면 계속 요청해서라도 새로운 업무를 경험할 기회를 만들어 보라고 했다. 다양한 경험을 통해 회사 업무를 폭넓게 이해하고, 어떤 업무가 자신의 적성에 잘 맞는지 확인해 보라고 했다. 이후 주특기가 되는 전문 업무를 선택, 최선을 다해 익히고 발전시키라고 했다. 그 업무에 관한 한 회사에서 제일가는 전문가가 되라고 했다.

셋째, 월급의 10퍼센트 이상은 자기 자신에게 투자해야 한다는 것.

직위에 따라 급여가 다르지만 중소중견기업 신입 사원의 경우 연봉이 3,000만 원이면 월 급여의 10퍼센트는 25만 원 정도일 것이다. 그 액수만큼은 자기 자신을 위해 쓰라고 했다. 영어학원에 등록하거나 역사, 인문 등 다양한 분야의 책도 사서 읽고, 피트니스센터에 등록하여 체력을 유지하고, 각종 문화생활에 시간을 할애하는 등 자기 계발과 발전에 투자하라고 강력하게 권했다.

입사 직후 사원 대리 시절에 익힌 것들, 직무 관련 지식이나 직장 생활의 방법과 요령 등 배우고 익힌 것이 거의 평생의 인생을 결정한다. 특히 사수라고 일컫는, 직무상 선배 사원이나 부서장 등은 신입 사원들에게 대단히 크고 의미 있는 존재들이다. 그들에게 배우고 익힌 신입 사원이 훗날 선배 사원이나 부서장이 되어, 새로 입사한 사원에게 역시 동일한 영향을 주기 마련이다. 그렇게 회사가 발전하고 조직문화가 만들어지는 것이다.

향후 30여 년의 직장 생활이 결정되는 신입 사원 시절을 어떻게 보내야 할까.

회사와 개인 모두에게 무엇보다 중요한 문제다.

온종일 은행에서 연체이자와 싸우다

첫 직장의 첫 번째 업무가 자금 담당이었다. 매일 자금을 집행하고 매일 한 번은 주거래은행에 방문해서 업무를 보았다.

어느 날 은행에서 느닷없는 사건이 발생했다. 연체이자가 발생했다면서 계산서를 주는 것이었다. 생각도 못 한 일이었다. 그날그날 집행되는 모든 자금은 전날 미리 확정하여 부장 결재를 받고 다음 날 아침 임원회의에서 전무 결재를 받은 뒤 자금 담당인 내가 직접 사장에게 결재를 받아야 했다. 그렇게 당좌인감을 내주면 받아서 청구서나 당좌수표에 날인하고 집행하는 프로세스였다. 이자까지 미리 계산해서 결재를 받았다. 그런데 생각하지도 못한 연체이자가 발생했다는 것이다.

연체이자라는 게 안 내도 될 것을 제대로 챙기지 못하거나 계산이 부정확해서 발생하는 비용이다. 자존심도 상하고 창피했다. 어째서 연체가 되었는지 확인해 보았다. 이자를 내는 대출 건이 일주일 차이로 두 건 있었는데 두 건의 이자 납입일을 같은 날짜로 합치는 과정에서 은행과 회사의 계산 방식이 달랐던 것 아닌가 생각되었다. 나는 내 계산 방식이 맞는다고 주장했지만 은행은 은행대로 통합하는 과정의 프로그램이 달라서 이자가 발생했으며 어쩔 수 없는 일이라는 반응이었다.

도저히 받아들일 수 없었다. 연체도 안 했는데 연체이자를 낼 수는 없다고, 말도 안 된다고 거세게 나갔다. 은행으로서도 달리 방법이 없으니 상당히 난처한 입장 같았다. 사무실에 연락하여 내용을 설명하고 종일 은행에 남아 대기했다. 매일 가다시피 하던 주거래은행이었다. 점심도 은행 2층 구내식당에서 같이 먹고, 담당 과장의 책상 옆에 딱 붙어 앉아서 해결해 달라고 계속 졸라 댔다. 소문이 은행 지점장에게까지 퍼졌다.

저녁 퇴근 무렵이 다 되어서 은행으로부터 해결 방안을 들었다. 프로그램 때문에 어쩔 수 없으니 일단 연체이자를 계상하여 회사 계좌에서 인출하고, 이후에 오류로 판단하여 재입금하는 형식으로 하자고 했다. 실제로 돈은 플러스마이너스 제로로 이동이 없되, 계좌에는 동일 금액이 인출로 표기되고 다음 줄에 입금으로 표기되는 것이었다.

종일 매달려서 어쨌거나 해결은 했으니 다행이라는 생각이 들었다. 전표를 1매 더 작성하고 장부에 2줄 더 기록하는 수고와 함께 쑥스러운 보고 시간이 남아 있었지만 말이다. 1986년도, 상업은행 효자동지점에서 있었던 해프닝이다. 연체이자 금액은 20여만 원 정도였던 것으로 기억한다.

'관리'가 되는 회사인가

회사에서 가장 많이 사용하는 단어 중 하나가 관리다. "관리를 해라." "관리가 잘 안 된다." 관리자와 리더, 인사관리, 생산관리 등등. 우리가 일상적으로 사용하는 관리란 '잘 지도하고 감독해서 일이 되도록 한다'는 의미다. 더 확대하면 '사람과 사람, 부서와 부서 간에 상호 협력-견제-선의의 경쟁을 유도함으로써 일이 잘되도록 한다'는 뜻까지 포함할 수 있다. 이는 관리 사이클(Plan: 계획하기, Do: 실행하기, See: 결과 지켜보기, Check&Adjust: 조정하기)이라는 용어 속 4단계를 지속적으로 반복한다는 의미로 해석할 수도 있다.

관리가 잘되는 상태란 무엇일까?

맨 처음 출발점부터 맨 마지막 결과까지 모두에게 모든 것이 드러나 있어 누구나 언제나 볼 수 있는 상태라고 나는 생각한다. 온전히 오픈된 상태 말이다. '눈으로 보는 관리'라고들 흔히 말한다. 관리가 잘된 상태를 처음부터 마지막까지 눈으로 볼 수 있다는 의미다. 요컨대 현장의 생산량, 생산성, 개선 제안 달성률, 불량률 등등을 그래프 등으로 정리해 한눈에 볼 수 있게 한다는 의미다. 생산 현장을 늘 깨끗하게 청소하는 한편 안 쓰는 것은 버리고 쓰는 것은 제자리에 배치하는 등 정리하여 모든 것이 한눈에 들어오게 한다는 의미다.

일을 시작할 때는 시작하는 이유가 있을 것이고, 이유에 맞는 일정과 방안 등을 세워 그 일을 꼼꼼히 추진하고 실행하는 과정이 있을 것이며, 그에 따른 결과가 있을 것이다. 이상의 절차가 숨겨지지 않고 겉으로 드러나는, 언제나 누구나 볼 수 있는 상태로 유지하는, 그것이 관리다. 일뿐 아니라 사람의 경우도 마찬가지다. 한 사람의 역할(Role)과 직무 기술(Job Description)과 역할 수행 과정(Manual)을 익히도록 하고, 진행 과정을 지도 관찰

(Counseling&Motivating)하고, 결과에 대해 협의 및 개선하고 증진 방안을 제시(Review)하는 것. 일련의 과정이 명료하게 한눈에 들어오도록 하는 것. 바로 그것이 인적 관리가 잘되는 상태다.

관리가 잘 이루어지도록 하려면 먼저 관리 시스템을 갖추어야 한다. 매출 규모가 커지고 조직의 규모도 커져 관리 대상 인원이 많아지는데 프로세스가 명료하게 정리되지 않고 복잡해지면 절대로 사람의 힘만으로는 감당할 수가 없게 된다. 중소기업이 중견기업으로 성장하는 과정에서 오너나 경영층이 시간에 쫓기며 힘겨워하는 것은 이러한 시스템 부재 때문이다. 오로지 사람이 관리를 해야 하기 때문이다.

각종 기준과 규정, 매뉴얼과 프로세스 정의 등의 업무 가이드를 준비하고 이에 맞춰 업무가 실행되도록 하며 전체를 한눈에 볼 수 있도록 유지해야 한다.

시스템도 중요하지만 회사는 그 이전에 각각의 사안들을 정확하게 파악해야 한다. 어떠한 것일지라도 꼬리에 꼬리를 물고 가장 깊숙한 부분까지 파헤치고 파악하여 드러나도록 해야 한다. 요컨대 관리 수준이 낮다는 것은 파악해야 하는 부분이 5단계인데 1~2단계까지만 파악되는 상태라고 할 수 있다. 관리자나 경영층의 질문에 확인해서 말씀드리겠다는 대답이 반복되면 될수록 관리 수준이 낮은 것이다.

목표 달성 방안을 수립해서 열심히 실천했지만 목표 근처에 못 가는 경우가 많다. 목표 달성을 위한 핵심 성공 요인(Key Success Factor)을 제대로 설정 못 했기 때문이다. 꼬리에 꼬리를 무는 (Root Cause) 사안 파악이 되지 않았기 때문이다. 디테일이 부족했기 때문이다. 교육과 경험이 부족했기 때문이다.

모회사가 상장기업으로 나름의 역사와 전통을 가진 D사. 지금은 웬만한 중견기업만도 못한, 업무 수준이 낮고 관리가 되지 않는 상태다. 거의 모든 파트에서 필요한 5단계 업무를 거의 1~2단계밖에 처리 못 하면서도 늘 시간에 쫓기고, 추가 업무를 지시하면 대부분 안 하든가 못 하든가 심하면 포기하고 자발적으로 퇴사하기도 한다. 물론 시스템도 최소한으로만 유지되는 중이다. 효율이나 이익을 이야기하기조차 어려운 상황이다.

다른 방법이 없었다. 업무 수준을 꾸준히 끌어올리면서 관리를 해 나가야 했다. 새로운 인력도 충원해야 했다. 관리가 안되면 회사가 곧바로 퇴보한다는 것을 알아야 했다. 새로운 먹을거리를 개발해 돈을 버는 것도 중요하지만 그 이전에 관리를 잘해서 새는 돈이 없도록 해야 했다. 혁신도 중요하지만 밑바탕에 관리가 잘 이루어져야 했다.

관리자와 리더의 차이는 무엇인가?

관리와 리딩의 차이는 무엇인가?

갖추어진 시스템에만 전적으로 의존해서 관리하고, 과정에 대한 모니터링과 지도보다는 결과만을 중시하여 그에 대한 책임을 주로 이야기하고 미래를 위한 경험으로 삼지 않는다면 이는 단순한 관리이며 관리자의 모습이다. 반면에, 시스템과 환경을 같이 고려해서 이상적 결과물을 그려 보고(Vision) 과정을 효과적으로 점검 지도(Counseling)하고, 결과를 검토하고 개선 방안을 이끌어 내서 할 수 있다는 의욕을 북돋아 준다(Motivating)면 이것이 리딩이며 리더의 모습이다.

종이 한 장 차이가 아니다.

그에 따른 결과는 하늘과 땅 차이다.

노동조합의 허와 실

노동조합과 관련하여 두 번의 큰 교훈적 경험이 있었다.

첫 번째 사례다. 어느 날부터 조합이 현장 곳곳에 조합 깃발을 꽂고 무언의 시위를 하는 것이었다. 생각지도 못한 일이었다. 단체 행동은 아니지만 향후 작업을 하는 부분에 있어 기선 제압을 하는 것 같았다. 얼마 뒤에 자발적으로 깃발을 내리기는 했다.

그즈음 조합장 및 간부들과 상견례 겸 식사 자리에서 회사의 현

상황과 극복 방안, 미래 계획 등에 대해 대화를 나눈 바 있다. 노조 문제 역시 당장은 해결되지 않더라도 시간을 갖고 하나씩 논의해 나갔으면 좋겠다고 했다. 그 와중에 느낀 게 있었다. 사원아파트 건설 등 복지 강화를 위한 미래의 청사진을 아무리 자세하게 제시한다고 해도, 노조는 그보다도 당장의 불편에 대해서 답을 듣고 싶다는 입장을 고수하더라는 것이다. 전체적으로 여러 현안에 대해서 이야기하면, 특별히 안 좋거나 불편한 것만 언급하며 전체와 미래에 대한 부분은 한 귀로 흘려버리곤 하더라는 것이었다. 시간을 두고 차근차근히, 아주 구체적으로 상세하게 대화해야 한다는 것을 깨달았다. 대화의 기술이 필요하다는 것을 절실히 깨달았다.

두 번째 사례다. 타 회사의 1개 지역 공장을 인수하고 고작 두 달여 만에 불의의 화재가 발생, 2개 공장 중 한 곳이 완전히 전소되고 말았다. 전사적인 비상사태였다. 그러잖아도 업계 전체가 심각한 불황기로 어려울 때에 화재 사고까지 발생한 것이다. 공장을 재건설하기까지 2년 이상이 필요했다. 적자를 최소화하는 데 주력할 수밖에 없었다. 당시 회사는 3조 근무 체제였으나 인수한 회사는 4조 근무 체제였다. 좀 더 바람직한 근무제이긴 했으나 이를 도입하기에는 현실적인 제약이 많았다. 기존 회사의 3조 근무 직원들이 상대적으로 불만을 가질 수 있었던 것이다. 회사가 어려운 결정을 내렸다. 공장을 다시 짓고 정상화하기 전까지만 고통 분담

차원에서 3조 근무 체제로의 전환을 제시한 것이다. 이에 대해 근로자 대표들과 대화를 나눴다. 상호 노력하고 협의하면 아주 불가능하지는 않겠다는 생각이 들었다. 하지만 근로자 입장에서는 받아들이기 어려웠던 모양이다. 게다가 노무 부서장이 실무를 수행하면서 상대를 비하하듯 강하게만 밀어붙이는 바람에 역효과가 발생하고 말았다. 결국 근로자들이 노동조합을 결성하고 나서며 일이 커졌다. 기존의 회사와 상이한 상위 조직 노총을 선택한, 황당한 상황이 되고 말았다.

한번 결성된 조합을 미가입 상태로 되돌릴 수는 없었다. 심각한 비상경영 체제에서 회사가 제안할 수밖에 없는 내용을 최대한 이해시키고자 했다. 그런데 이번에는 오너의 새로운 상위 조직에 대한 불만과 편향성이 걸림돌로 드러났다. 민노총과는 절대로 같이 갈 수 없다는 입장이 문제였다. 이처럼 피차 겪지 않아도 될 고통을 맛보면서 수개월간의 파행이 이어졌다.

회사로서는 딱한 사정이 있었던 게 사실이다. 그러나 3조 근무 체제로의 전환 같은, 시대를 역행하는 편법이 아니라 고통을 분담하는 다른 방안을 찾아야 했다. 어렵고 힘든 난제이니만큼 처음부터 끝까지 책임자가 직접 대화를 통해 풀어야 했다. 상호 입장을 이해하고 우선순위를 정해서 차근차근 접근해야 했다. 오너의 노동조합에 대한 생각, 임직원들의 근로자들을 대하는 자세, 근로자들의 전체를 보는 유연함 등이 모두 맞아야 무엇이든 가능한 상황이 만들어진다. 현실적으로 무척 어려운 경우였다.

지금까지 네 곳의 제조기업에서 근무했는데 네 개 기업 모두 노동조합이 있었다. 그런데 노조라고 다 같은 노조가 아니었다. 조합원의 처우와 복지를 증진하고 권익을 보호한다는 근본은 동일했지만 조직과 환경이 다르고 무엇보다 조합 운영 주체의 가치관과 성향에 따라서 전혀 다른 모습을 볼 수 있었다.

이제는 절판된 『삼성의 노조를 필요로 하지 않는 경영』(김선동, 신어림, 1994)이 아직도 집 안 어딘가에 남아 있는지 모르겠다. 내 눈에 흙이 들어가도 노조만은 안 된다던 삼성에 조합이 설립되고, 이를 조직적으로 저지하고 방해했던 경영진이 형사상 처벌을 받은 것이 얼마 전이다. 노조를 필요로 하지 않는 경영이란 근로자들이 노동조합의 도움을 받을 필요가 없도록 항상 최고로 직원을 대우하고 권익을 보장한다는 취지일 것이다. 좋은 의미임에는 틀림없다. 하지만 회사의 경영환경은 수시로 변하기 마련이다. 조직의 미래를 예측한다는 것은 사실상 불가능하다. 이러하니 노동자들이 조합을 통해 기본적인 처우를 보장받는 것은 당연한 일이다.

조합원들의 처우와 복지가 우선일까, 회사의 존립이 우선일까?

경영환경이 여간 어렵지 않다. 조합의 요구를 모두 수용할 경우 손익 부담은 물론 지속 경영에도 큰 걸림돌이 될 수 있다. 회사가 있고 나서 조합도 있는 것이 아닌가.

노조 문제에 대한 회사 측의 통상적인 시각이 이와 크게 다르지 않을 것이다. 여기서 관건은 '얼마나 공정한 배분이냐'와 '얼마나 신뢰할 수 있느냐'일 것이다. 회사의 경영 현황을 어느 정도나 공개하고 있느냐, 회사 수익을 임직원, 주주, 협력 업체, 고객 등에게 어떠한 우선순위에 따라 얼마나 배분하느냐, 회사의 영속성, 재무구조 안정, 미래를 위한 투자에 얼마나 노력하고 있느냐 등등에 대한 협의와 결정이 이루어져야 한다. 상호 신뢰가 있어야 하는 과정이다. 회사가 먼저 정확한 자료를 공개하고 믿음을 얻어야 한다. 근로자 역시 본인이 선택한 회사의 상황을 이해하고 자신의 선택에 어느 정도 책임을 져야 한다.

조합장이 회사나 조합원을 위하는 것이 아니라 재신임 등 자신의 이익을 위해서만 열심인 경우를 종종 보았다. 생산직 직원을 채용할 수 있는 권한을 달라고 요구하거나, 인재 영입과 기술 도입 등 다른 요인에 의해 성과가 실현되었음에도 이에 조합과 조합장 자신의 역할을 과도하게 부각하려 하거나, (회사의 오류로 인해) 잘못된 부정한 돈을 수년간 받아서 사용함으로써 회사에 막대한 손실을 가져오거나, 대립 관계에 있던 현장관리자들이 관련 업무 회의에 참석하는 것을 막는 경우도 있었다. 휴가나 명절 기간에 공장을 가동해야 제조원가가 유지된다는 점을 악용, 법으로 정해진 것 이상의 휴일 특근 수당과 특근 인센티브 등을 추가로 과도하게 요구했던 경우도 있었다. 그 결과 공장을 가동하면 할수록 오히려 적자가 나는 상황까지 빚어졌다. 법으로 강제된 제도의 시행을 앞두고, 이를 위한 협의를 조합장 재선임에 이용하려고 했던 경우도 있었다.

좋은 사례로 기억되는 조합장도 물론 있었다. 조합 사무장 임기를 세 번 거치고 조합장 임기를 또 세 번 거친, 조합 업무를 총 18년 동안 맡은 분이었다.

이렇게 오랜 기간 조합 일을 보고 나면 현장으로 돌아가기가 쉽지 않다. 현장 업무를 오래 떠나 있느라 기술적인 부분도 뒤처져 있고, 같이 근무할 직원들과 평범한 동료 관계를 맺기가 사실상 불가능하기 때문이다. 그런데도 이 조합장은 18년의 조합 생활을 마치고 아무 고민 없이 현장으로 돌아갔다. 대신 최소한의 동료 직원들과 접촉하며 주로 혼자서 일할 수 있는 보직을 희망했고, 당연히 회사는 수용했다. 정말로 대단한 결정이 아닐 수 없다.

『삼성의 노조를 필요로 하지 않는 경영』을 읽던 시절이다. 해마다 1월 1일이나 2일에 조합장과 조합 간부들, 노무 담당 직원 두세 명과 같이 신년 산행을 했다. 함께 산을 오르며 새해 경영환경과 사업 목표, 중점 추진 사항, 직원 근무환경 개선과 안전 등에 대해 협의하고 의견을 교환했다. 당시 조합장은 매월 7S 점검(5S +

Safety + Saving)을 같이 실행한, 개선 제안이나 마이 머신 운동에도 적극적인 인물이었다. 조합원의 처우 향상과 복지 개선은 물론 안전과 환경 등 근무환경에 대한 부분에 열심이었다. 회사의 성장, 발전에도 많은 관심을 갖고 있었다. 능력 있고 성실한 조합장 덕분에 회사는 규모나 내실 면에서 부끄럽지 않은 중견기업으로 성장할 수 있었다. 회사와 근로자 상호 간의 노력과 이해 속에, 노동조합은 설립되어 있으나 조합으로서의 활동은 거의 없었고, 발전협의회라는 새롭고 독특하고 고유한 틀을 만들어 운영하는 단계까지 진일보했었다.

뜻하지 않은 우연과 칭찬

첫 번째 회사에서 경영관리과장으로 일할 때의 일이다. 연초가 되어 사장을 모시고 각 사업장을 돌며 그간의 실적과 장차 계획에 대해서 보고받는 연두 순시를 수행했다. 울산 공장에서는 업무 보고를 마치고 사원아파트 준공식에 참석했다. 준공식장에서 노동조합 위원장을 만나, 반갑게 인사를 나누고 잠시 대화를 나누었다.

행사를 마치고 다음 행선지로 이동하면서 사장이 물었다.

"그 위원장과는 어떻게 아는 사이인가? 본사 근무하면서 업무적으로도 별 관련이 없을 텐데."

노조위원장과 반갑게 인사 나누던 모습을 보셨던 모양이다. 자세히 말씀드릴 만한 내용이 아니기에 본 적 있었다고만 대답했다. 초임 경영관리과장으로서 사장에게 그렇게 점수를 딴 셈이었다.

사연은 단순했다. 그로부터 몇 개월 전에 예의 노조위원장이 본사로 출장을 왔었다. 업무 협의를 마치고는 담당 부서 직원들과 저녁 식사를 했고, 2차로 회사 근처 맥줏집에 들렀다. 마침 그때 나도 그 맥줏집에 있었는데, 근무하는 과는 달랐지만 자연스럽게 합석을 하게 되었다. 시간이 흘러 밤이 깊어지자 한두 명씩 자리를 뜨기 시작했다. 마지막에는 위원장과 나, 노무 담당만이 남았다. 그런데 노무 담당마저 갑자기 집에 일이 생겼다며 난처해했다. 마지막까지 위원장과 같이 있다가 숙소 안내 등 마무리를 하는 게 노무 담당의 할 일이었던 것이다. 어쩔 수 없이 내가 그 역할을 맡았다. 끝까지 함께 자리를 지키며 말 상대를 했고 서울역 부근으로 이동해서 숙소도 잡아 주었다. 외지에 혼자인 그를 생각해서 숙소에서 맥주도 한잔 더 했다.

위원장이 나에게 많이 고마웠던 모양이다. 다음 날 잘 내려왔고, 대접 고마웠다는 전화를 해 왔다. 그렇게 인연을 맺었으며 준공식장에서 우연히 만나 반갑게 인사를 나누었던 것이다. 덕분에 사장에게 칭찬까지 듣게 되었으니 감사한 일이다.

일 앞에서 겸손해야 한다

지방 소재 목재 관련 기업에서 일을 시작하던, 비교적 최근의 일이다. 팀장들이나 직원들이 일에 대해서 놀라울 만큼 자신만만한 모습들이었다. 업무상 어떤 사안에 대해 뭔가 이야기하면, 돌아오는 대꾸가 대부분 이러했다.

"제가 잘 압니다. 걱정 마세요. 다 알아서 할 테니까요."

자신감 넘치는 모습이 걱정스럽기도 다행스럽기도 했다.

그런데 한 건 두 건 일이 진행되는 과정이나 결과를 보니 전혀 예상 못 한 노릇이었다. 일을 반밖에 안 하거나 상황 변수들을 고려하지 않고 단순화해서 결론을 내는 것이었다. 당연히 주어진 상황에 맞지 않았고 결과물은 결국 실망스러운 수준이었다.

원인은 뻔했다. 우물 안 개구리요, 냄비 속 개구리였다. 남들은 어떤지 주변 상황은 어떤지 한 번도 살피지 않는, 늘 하던 대로 아무 고민 없이 업무에 임하는, 내가 제일 잘한다는 착각 속에 사는 우물 안 개구리 말이다. 상황이 어떻게 변해 가는지, 상대방의 요구와 기대 수준이 어떻게 바뀌었는지 전혀 관심 없는, 그래서 누군가 충고를 해도 그를 절반도 이해 못 하고, 세상이 요구하는 수준과 본인의 수준 사이에 얼마나 큰 차이가 있는지 모르고 살아가는, 바닥이 뜨거워지기 시작하는 것조차 깨닫지 못한 채 죽어 가는 냄비 속 개구리 말이다.

내가 가진 지식과 기술, 경험 등이 어느 정도인지 항상 점검해야 한다. 주변을 살피며 부족한 부분을 채우려고 노력해야 한다. 끊임없이 정진해야 변화의 속도를 따라갈 수 있다는 것을 깨달아야 한다. 항상 겸허한 자세를 견지해야만 한다. 일 앞에서는 항상 겸손해야만 한다.

갈수록 변화의 속도가 빨라지고 있다. 너무 빨라서 변하지 않는 것처럼 보일 정도다. 거기에 현혹되어서는 안 된다.

생각의 디벨롭

회사 일로 또는 개인적인 일로 큰 문제가 닥쳤는데 해결책을 찾기 힘들 때가 있다. 시험 문제처럼 정답이 있다면 참고서를 뒤지거나 선생님에게 물어보면 그만이다. 그러나 세상은 그보다 복잡하다. 정답이 없을 수도 있고, 여러 개일 수도 있으며, 정답이 있더라도 근처에 가기조차 힘든 난제일 수도 있다.

해결책을 얻으려면 그 속으로 들어가야 한다. 주어진 상황에 따라서 개개인의 성향에 따라서 그 과정은 모두 다르다. 식음을 전폐하고 몇 날 며칠 집요하게 문제에 집중하여 결국 해결책을 찾는 사람도 있을 것이다. 하지만 더없이 고통스러운 방법이다. 다음과 같은 방법은 어떨까.

　우선은 언제까지 해결책을 찾아야 하는지 결정해야 한다. 주어진 기간이 짧다면, 당장의 문제이자 현재 상황이므로, 집중만 잘하면 그리 어렵지 않게 해결책을 찾을 수 있다. 반면에 기간이 길어질수록 변수가 많아지고 상황이 복잡해진다. 장기간에 걸쳐 다양하게 사고하고 궁리하며 최적의 해결책을 찾아야 한다. 당장은 결정하기 어렵고 복잡한 문제일수록 여유롭게 시간을 갖는 게 중요하다. 항상 머릿속에 담아 두었다가 생각날 때마다 틈틈이 꺼내서 고민하고 궁리하고 해답을 찾아보는 것이 좋다. 변화된 상황속에서 디벨롭된 생각들이 차곡차곡 쌓이고, 일정한 단계에 도달하면 지혜의 문이 열리면서 자신도 모르는 사이에 해결책이 떠오른다. 어떤 경우에는 하루 만에, 어떤 경우는 몇 달이 걸리기도 한다. 중요한 것은 항상 머릿속에 담아 두어야 한다는 것이다. 생각날 때마다 틈틈이 꺼내서 고민하고 궁리해야 한다는 것이다. 이것이 내가 생각하는 생각의 디벨롭이다. 어렵고 난해한 문제 앞에 섰을 때, 이 같은 방법으로 생각의 디벨롭을 발휘해 해결에 이르는 과정을 연습해 보면 어떨까 싶다. 순간이 쌓여 영원이 되는 진리를 되새기면서.

5. 윤리·투명 경영

신독愼獨,
홀로 있을 때에도 도리를 지킨다

윤리·투명 경영은 기업의 기본

세상 모든 기업이 준수해야 할 규범들 가운데 가장 중요한 것이 윤리·투명 경영이라고 생각한다. 기업은 어디까지나 윤리적이고 투명하게 운영되어야 한다. 아니면 얼마 안 가서 망하고 만다. 지나친 비약인가? 그렇지 않다. 1970~1980년대만 해도 사회적 분위기가 지금과는 크게 달랐다. 수많은 비윤리적이고 투명하지 않은 경우들이 관례라는 변명과 인간관계라는 허울로 자연스럽게 통했다. 좋은 게 좋은 것이라며 서로 감싸고 넘어가는 것이 자연스러운 통념이었다.

사회적 인식이 변하기 시작한 것은 1988년 서울올림픽 즈음이었다.

"좋은 것이 좋은 것이 아니다. 옳은 것이 좋은 것이다."

1990년대에 들어서며 몇몇 기업들이 윤리·투명 경영이라는 방침을 내걸고 새로운 윤리강령하에 처벌을 강화하는 등 변화를 꾀하고 나섰다. 오늘날에는 도저히 있을 수 없는 일들이 사회적으로 만연하던 즈음이었다. 과거의 잘못으로 현재에 논란거리가 불거지는, 그로 인해 형사처벌까지도 받는 사안이 나오곤 하는 것은 다 그래서다. 지금 기준으로 50대 이전 직장인과 50대 이후 직장인 사이에 이러한 시대적·환경적 세대 차가 존재하는지도 모르겠다. 이즈음 20대와 30대는 더욱 확실하다. 비윤리적인, 불투명한, 존재의 가치가 없는 기업들을 더 이상 거들떠보지 않는다. 나아가 존재하도록 놓아두지도 않는다.

1980년대 후반부터 1990년대 초반까지, 구매 업무를 담당하던 시절이었다. 명절 때면 거래하는 납품업체나 오퍼상에서 주로 5만 원 상당의 구두 티켓을 선물로 가져왔다. 구매 부서는 받은 구두 티켓을 모두 모아 부장에게 가져갔고, 부장은 여기에 더하고 빼기를 해서 본사 전체 직원에게 하나씩 돌아가게 부서별로 배분해 주었다. 신입 사원 초임이 50만 원 정도였으니 5만 원짜리 구두 티켓이 적은 것이 아니었다. 영업 부서에서는 반대로 거래하는 고객 회사에 구두 티켓 등을 선물했다. 그러니 명절 때면 회사마다 직원들에게 구두 티켓을 으레 하나씩 선물한다는, 말도 되지 않는 자기합리화가 통했다. 지금의 기준으로는 명백하게 부정한 돈이었건만 말이다.

나 역시 불법적이며 비윤리적인 사례를 종종 목도하곤 했다. 생산과정에서 발생하는 부산물(가짜 또는 저질 경유)을 불법으로 시중에 유통·판매하기도 했다. 주요 원재료를 수입할 때 단가에 일정 금액을 더하고는 차액을 돌려받는 방법으로 비자금을 만들기도 했다. 오너 2세 사장이 주식에 빠져 회사 자금을 유용하기도 했다. 원재료 부서와 설비관리 부서의 임직원이 납품 협력 업체로부터 리베이트 등 금품과 향응을 받는 사례는 흔하디흔한 장면이었다. 한번은 외부 협력 업체로부터 투서를 받기도 했다. '귀사의 설비 부서 직원 아무개가 금품과 향응을 제공하는 모 협력 회사에 발주를 몰아주고 우리 회사는 계속 들러리만 세운다'는 내용이었다. 요즈음도 종종 보도되는, 특정한 사람이나 업체에 주요 원자재를 독점 공급하도록 하여 회사에 손실을 가져오게 하는 몰아주기였다. 오너가 자기 집을 수리하면서 회사 자금으로 내부 인테리어를 해서 문제가 됐던 사례도 생각난다. 그런가 하면 회장 오너가 자기 집을 지으면서 그 앞의 땅을 회사 명의와 자금으로 구입, 명목상으로는 회사 업무용 건물을 건설한다고 해 놓고 자기 집과 연결되는 연회장을 건설하여 개인 용도로 사용하는 사례도 본 적 있다. 회사 자금을 횡령하고 유용하는 경우는 주로 오너와 연계된 것들이 대부분이었으며 그 규모도 상당했다.

비윤리적인 오너의 부정에 임직원들은 '오너도 하는데 나라고 못 할까' 하는 식으로 또 다른 부정을 저지르는 것이 다반사다. 이런 식으로 썩은 조직문화가 고착되면서 오너부터 거의 모든 임직원이 크든 작든 뭐라도 하나씩 붙들고 부정부패를 저지르곤 했다. 이로 인해 주주들의 손실은 물론 회사가 문을 닫거나 거의 망하는 결과가 이어졌다.

윤리·투명 경영이란 단순히 거래관계에 있는 납품 협력 업체로부터 금품이나 향응을 받지 않는 것만이 아니다. 분식회계를 하지 않는, 있는 그대로의 회사 상태를 대내외적으로 공개하고 고객은 물론 직원과 협력 회사에 최선의 공정함과 신뢰를 주는 것도 이에 포함된다. 이를 위해서 투명한 업무 프로세스와 시스템을 갖추고 지역사회에 공헌하며 사회 일원으로서 책임을 다하는 등 광범위한 개념으로, 최근에는 CSR(Corporate Social Responsibility: 기업의 사회적 책임. 기업이 지역사회 및 이해관계자들과 공생할 수 있도록 의사결정을 해야 한다는 윤리적 책임 의식) 경영을 넘어 ESG(Environment Social Governance: 기업 활동에 친환경, 사회적 책임, 지배구조 개선 등 투명 경영을 고려해야 지속 가능한 발전을 할 수 있다는 의미) 경영 등 무한 영역으로 확대되는 추세다.

하지만 일반 중소중견기업들은 우선적으로 오너와 임직원들의 부정부패와 갑질을 근절하고 그로부터 거래처와 고객, 주주를 보호하는 것부터 윤리·투명 경영을 시도해 나가야 할 것이다. 형식적인 윤리강령 선포식은 의미가 없다. 일 년에 두 번 명절 때만 선물 안 주고 안 받기 공문을 띄우는 것만으로는 충분치 않다. 오너부터 윤리적이고 투명한 경영을 몸소 실천하여 모범을 보여야 한다. 직원들은 지속적으로 윤리적 책임 의식과 인성교육을 받아야 한다. 강력한 기준과 규정을 만들어 운영하고 지속적인 후속 개선 조치를 마련해야 한다. 임직원들의 급여 수준이 너무 낮으면 부정을 저지르는 사례가 많이 발생하곤 한다. 적어도 지역사회나 동종 회사 수준으로 보수를 맞춰 주는 현실적 조치도 필요하다.

불법과 무허가는 이제 그만

오늘날 대부분의 기업이 윤리·투명 경영을 위해 노력 중이다. 이를 위해 상당한 자금을 투입하고 있다. 상세한 운영 세칙을 정하고 담당 부서 등을 두어 광범위하게 실천하는 대기업도 적지 않다.

그러나 중소중견기업들의 경우 관련 기준이나 시행세칙 등이 미흡한 데다 여건상 전담 부서를 두기가 쉽지 않은 게 사실이다. 하여 '납품 협력 업체로부터 금품이나 향응 접대를 받지 않고 공정하게 대우한다' 정도를 지침으로 정하고 운영하는 수준이다.

일반적으로 제정되고 적용되는 회사의 윤리강령을 보면 공통적으로 다음과 같은 사항들이 포함되어 있다.

1. 어떠한 경우에도 고객을 존중하고 보호한다.
2. 주주 및 투자자의 권익을 보호하고 가능한 모든 정보를 제공한다.
3. 환경을 보호하고 법규를 준수하며 사회발전과 공익에 기여한다.
4. 임직원을 공정하게 대우하고 쾌적한 근무환경을 조성한다.
5. 관련 회사에 공정한 대우를 보장한다.
6. 건전한 기업문화의 정착을 위해 노력하며 금품 및 향응 수수를 일절 금지한다.

광범위하지만 지극히 기본적인 사항들이다. 특히 3항의 환경 보호와 법규 준수 부분은 윤리 경영 이전의, 개인이건 조직이건 철저하게 지켜야 하는 기본이라고 할 수 있다. 그러나 이처럼 기본적이고 당연한 사항조차 지키지 않는 회사들이 없지 않다. 몇 가지 사례를 들어 본다.

한때 근무했던 회사의 경우 건물, 구축물, 설비에 있어 무허가와 미신고 부분이 너무도 많았다. 처음 근무를 시작할 당시, 그렇게나 많은 무허가 건물과 신고하지 않은 증설 변경 설비에 아연실색하고 말았다. 바로잡는 것이 현실적으로 불가능할 정도였다. 한마디로, 공장을 가동하는 것 자체가 불법 경영이었다. 덩달아 나까지 저절로 범법자가 되는 셈이었다. 자진 신고와 적법한 조치를 하는 방법을 찾아 나섰다. 그러나 원상 복귀 후 적법하게 재설비하려면 적어도 6개월은 공장 가동을 중단해야 했다. 그러려면 엄청난 자금도 필요했다.

단계별로 나누어 조치 내용을 오너에게 보고했으며 내부적으로 공유했다. 우선은 새로이 하는 부분부터 적법하게 처리했다. 처음에 공장을 건설하고 준공하고 가동한 이후, 추가로 건물과 설비를 만들면서 한 차례의 허가도 신고도 하지 않은 것 같았다. 추후에 양성화하려 했지만, 앞부분의 불법적 사안들이 모두 문제가 되니 어쩔 수 없이 계속 그렇게 불법을 자행해 온 모양이었다. 관련 법규를 제대로 준수하는 것이 회사를 올바르게 운영하는 첫걸음이다. 이 기본을 잊지 말고 실천해야 한다.

환경 설비의 문제로 처리된 수증기가 두 시간 동안 방출, 인근 마을에 비산되는 환경 사고가 발생했다. 마을 주민들께 사과하고, 일련의 조치를 취하고, 원만한 협의에 이르기까지 온갖 우여곡절을 겪었다. 그런데 정말 문제는 그 후에 발생했다. 경위를 조사하는 과정에서 폐수 처리비를 아끼기 위해 포름알데히드가 함유된 응축수를 고의로 섞어서 처리했음이 확인된 것이다. 주민들이 이 사실을 알았더라면 애초에 합의가 안 되었을 것이다. 회사를 유지하는 것조차 어려웠을 것이다.

이로 인해 관련 부서장은 회사를 떠났고 부서원들은 징계를 받았다. 이후에는 당연히 정상적으로 폐수를 처리했다. 불법을 저지르면서까지 회사 비용을 아껴야 한다면, 지역사회에 피해를 주어야만 이익이 나는 회사라면 하루라도 빨리 없어지는 것이 세상을 위하는 것임을 강조하고 싶다.

새롭게 법으로 정해진 주 52시간 근로제 시행을 앞두고 그에 관한 회사와 조합 간의 협의를 여러 차례 촉구했다. 그러나 대표이사는 아무런 대비도 하지 않았고, 조합장은 조합장대로 이를 개인적인 이권을 위해 사용하려는 모습이었다. 결국 새로운 제도가 진행되지 않은 채 불법인 상태로 회사를 운영할 수밖에 없었다. 이때 대표이사가 부서장 회의에서 공개적으로 이야기한 내용은 이러했다.

"내가 다 책임질 테니 당분간 불법으로 갑시다. 어쩔 수 없으니."

불법은 불법일 뿐이다. 본인이 무슨 책임을 어떻게 진다는 말인가. 회사 생활을 하는 한 어떠한 불법과 비윤리와도 타협하지 않겠다는 게 내 신념과 원칙이었다. 회사를 그만두어야겠다는 생각까지 하게 되었다. 특히나 환경 사고 이후 특별히 느낀 바가 있었다. 그래서 부서장과 주요 임직원들에게 수차례에 걸쳐 강조했다.

"불법이거나, 정상적인 일처리가 아니거나, 상식에 저촉되는 부분이 보인다면 반드시 보고해 주세요. 어떠한 책임도 묻지 않겠습니다. 다만 합법적이고 정상적으로 개선하고자 함이니 협조 부탁합니다."

그러고는 이후로 장기간의 유예 기간을 주었다. 하지만 사안의 중요성을 인식 못 해서인지 누군가의 지시가 있었는지 관련된 보고를 해 오는 부서는 전혀 없었다. 그러한 불법과 비정상을 접하고도 그저 무감각한 모습은 오너나 임직원이나 똑같았다. 해묵은 관행이 참으로 무섭다는 생각이 들었다.

종합 악덕 선물 세트 - 부산물 사례

어처구니없고 황당한 사례가 하나 더 있다. 그야말로 불법, 횡령, 업무 태만 등을 골고루 갖춘 종합 악덕 선물 세트였다.

회사의 업종 특성상, 제조공정에 들어가는 원재료로부터 많은 양의 부산물이 별도로 모아진다. 이 양이 상당했다. 부산물은 종류별로 잘 모았다가 매달 한 번 수집상에게 넘기고 매각 대금은 회사에 잡이익(miscellaneous revenue)으로 입금 처리되었다. 그런데 이 부분을 유심히 살펴보니 뭔가 이상했다. 공장에서 발생하는 부산물에 비해 매각 대금이 현저하게 적었다. 시장의 단가 차이 때문일까, 1개 공장에서 3,000만 원어치 정도의 부산물이 나오는데 그 대금은 1,000여만 원 정도가 조금 웃도는 수준이었다. 다시 말해 반도 되지 않았다. 알아보니 기가 막히도록 황당한 사연이 숨어 있었다.

몇 년 전부터의 일인지, 누가 지시했는지 알 수 없었다. 담당자는 고위 임원의 지시라고만 했다. 부산물 매각 대금 가운데 100만 원은 매각 업무 담당자가 그의 개인 통장으로 입금받고, 그것을 매월 노조위원장에게 줘 왔다. 노조위원장에게 법인카드를 매월 100만 원 한도로 지급하고 있었는데 그게 부족했는지 이 같은 편법으로 추가 보조를 해 왔던 것이다. (노동조합에 급여나 경비 등을 지원하는 것은 원칙적으로 불법이지만 현실적으로는 그렇지 않았다.)

문제는 여기서 끝나지 않았다. 부산물을 매입해 가던 E 수집업체가 일련의 불법행위에 묵인의 대가를 취하듯 부정한 방식으로 자기 이익을 챙긴 것이다. 요컨대 매입단가를 시중보다 터무니없이 싼 가격으로 적용했고, 양이 제일 많은 품목은 아예 무상으로 가져가기도 했다. 회사 업무 담당자는 뒷돈을 받아야 하니 계속 그 업체에만 부산물을 매각할 수밖에 없었다. 그래서 타 수집상의 매입 단가나 시중 가격을 단 한 번도 알아보지 않았다.

일련의 사실을 파악한 이상 가만히 있을 수 없었다. 먼저 기존 수집상과의 거래를 끊었다. 이어 새로운 수집업체 세 곳을 찾아 매월 입찰을 부치고 제일 높은 가격의 견적을 제출한 업체에 매각하는 식으로 기준을 만들고 시행했다. 이후, 당연하게도, 첫 달부터 잡이익이 엄청나게 증가했다. 서너 달 지나면서는 세 개 업체 간에 경쟁이 자극되며 단가가 더욱 상승하는 한편, 무상으로 가져가던 품목도 정상 가격을 받게 되었다. 평균적으로 월 1,000여만 원 이상의 매각 금액이 증가한 것이다. 결국 회사는 그동안 월 1,000여만 원 이상의 손실을 보고 있었던 것이다. 나아가 연간 1억 원 이상 수익을 도대체 몇 년 동안이나 놓치고 있었는지, 생각할수록 어이가 없었다.

새로운 세 개 업체 비딩 체제로 전환하고 몇 달 후, 기존에 거래하던 E 수집업체 사장이 수차례 연락을 해 왔다. 회사 밖에서 만나자고 계속 요구하기에 회사로 오라고 해서 만났다. 그런데 내 앞에 서자마자 갑자기 사무실 바닥에 엎드려 큰절을 하려 드는 것이다. 황당함에 얼른 말렸다. 사업의 어려움을 한참 하소연하다 갔는데 나로서는 해 줄 것이 없었다. 이후에도 종종 문자를 보내더니 명절 때 60만 원 정도 하는 선물을 아파트로 보내왔다. 그 즉시 부산물 매각 담당 직원을 불러 상황을 설명하고 선물을 돌려주도록 했다. 사업장 주소지가 변경되었기에 그 사람이 사는 동네까지 찾아가 선물을 돌려주었다. 돌려받은 선물을 손에 들고 멋쩍은 표정을 짓던 인증 샷을 지금도 갖고 있다.

부산물 대금을 개인 계좌로 리베이트 받았으니 횡령과 비윤리요, 시중 가격을 알아보지도 타 업체와 비교견적을 받아 보지도 않았으니 업무 태만이요, 노동조합에 회사가 사용 경비를 지원하였으니 노동법 위반이었다. 노조위원장은 회사에서 주는 돈이니 받았고 대의원들에게 이야기하여 동의를 구한 상태라고 변명했지만, 부정과 불법의 책임을 면할 수는 없었다. 여기에 임원의 관리 무능까지, 정상적인 회사에서라면 있을 수 없는 황당한 경우였다.

결국은 이러한 종합 악덕 선물 세트를 고스란히 방치한 경영진과 부서장들에게 책임을 묻지 않을 수 없었다. 윤리·투명 경영이 얼마나 중요한 가치인지를 다시 한번 일깨워 준 사례다.

회삿돈은 공돈인가

대부분의 회사는 부서장이나 임원들에게 접대비와 회식비 등의 경비 집행 한도를 부여한다. 권한을 주는 동시에 과한 낭비 요소를 관리하기 위해서다. 한도 없이 쓰는 대로 처리하는 회사도 있다. 항목을 구분하지 않고 일종의 복리후생비로 처리하는 경우다. 그러나 얼마나 사용해도 되는지가 명확하지 않기에 오히려 정당한 사용을 위축시킬 수도 있다고 들었다.

역시 문제는 '정당한 곳에 바르게 사용하는가'일 것이다. 거래선을 만나거나 접대를 위해, 부서원을 격려하고 사기를 북돋기 위해서 등등 공식적으로 인정되는 목적으로 사용해야 할 것이다. 하지만 모든 사람이 모든 경우에 있어 그 같은 원칙을 준수하는 것은 아니다. 어떤 사람들은 매달 한도를 거의 꽉 채워서 사용한다. 그런데 상당 부분이 업무와 관계없는 개인적인 용도의 비용이다. 심지어 집 근처의 마트에서 사용한 비용까지 처리하곤 한다. 최악의 경우다. 어떤 사람들은 대부분 업무적인 용도의 사용 경비를 처리하는데, 가끔 친구를 만나거나 가족들 식사비 정도는 처리해도 된다는 생각을 갖고 있다. 가장 일반적인 경우에 해당된다. 어떤 사람들은 거의 완벽하게 회사의 공식적 용도로만 경비를 사용한다. 회사 경비의 집행 취지를 거의 정확하게 이해하고 그 원칙에 맞게 사용하는 경우다. 그런가 하면 또 어떤 사람들은 완벽하다 못해 강박적으로 철저해서, 분명 회사의 공식적인 목적으로 사용했지만 본인에게 해당하는 비용은 처리하지 않기도 한다. 예컨대 거래선 사람들을 접대하고자 함께 식사를 하고, 그 액수 중에서 본인이 먹고 마신 부분은 개인적으로 처리하는 것이다. 대체로 골프비 등 약간의 사치성 접대로 생각되는 경우에 이렇게 처리하곤 하는데, 지나치게 예민한 것 아닌가 싶다.

정당하게 업무적인 용도로 사용하되 너무 과하지 않게 자제하면서 집행하는 것이 가장 바람직하다. 가족이나 친구 등이 법인카드의 용도나 한도 등에 명확한 가이드가 있음을 간과한 채 오늘은 법카 한번 긁으라며 사용을 부추기는 경우도 적지 않다. 자기 돈 내고 골프 치는 사람이 어디 있냐는 말도 많이 들었다. 가까운 지인들과 이따금 골프를 치러 가면, 대체로 현직에 있는 사람들이 돌아가면서 비용을 부담한다. 그런데 언젠가는 내가 현직에 있으면서도 개인적으로 비용을 지불한 것이 알려지면서 모두들 놀라는 눈치였다.

모든 사람이 모든 경우마다 완벽할 수는 없다. 그러나 몸담고 있는 조직의 가이드라인을 엄수하려는 의지, 원칙과 상식에 맞게 처리하려는 가치 기준이 중요하다. 매 순간 올바른 판단을 할 수 있도록 공감대 형성과 선의의 노력이 선행되어야 한다.

공짜의 후환

일 년에 한두 번 만나는 먼 친척 A가 대기업의 구매 부서에서 일하고 있었다. 그런데 납품업체 등으로부터 꽤 많은 금품을 받는 다고 공공연히 자랑했다. 나도 대기업에서 구매 업무를 해 본 경험이 있지만 좀 심하다 싶었다. 회사 규모가 크고 사람 관리에 여유가 많아서인지 아니면 회사가 관리를 제대로 못 하는 것인지 모를 일이었다. 에둘러서 자제하는 게 좋겠다고 몇 번을 말했으나 알아듣는 눈치도 아니었고 개선도 안 되어 보였다. 또 다른 친척 B와도 대화를 나눴는데, 그 역시 관리 부서에 있으며 납품업체나 협력 업체로부터 종종 물품과 향응 접대를 받는 것 같았다.

사회생활을 하다 보면 누구나 다양한 갑을관계에 놓이게 된다. 갑과 을 입장 차이에 대한 고민은 회사 생활의 일부에 해당한다. C 업체의 직원 D가 있다. D는 을의 입장에서 갑인 공무원(인허가, 환경, 안전, 소방 등) 또는 대규모 고객사에 명절 선물이나 휴가비 등을 늘 챙겨야 하는 입장이다. 이는 C사가 살기 위해서 어쩔수 없이 부담해야 할 영역이다. 반대로 C사는 갑의 입장에서, 을의 처지인 납품 협력 업체 E사로부터 어떠한 금품이나 향응 접대를 받지 않도록 노력해야 한다. 이 같은 C사의 고충 어린 노력이 현재까지는 최선의 방향인 것으로 생각된다.

갑이건 을이건 서로 안 주고 안 받으며 공정하고 형평성 있게 거래를 한다면 더할 나위 없다. 하지만 현실은 그렇지 않다. 일 년에 두 번밖에 없는 명절에 뭔가 오가지 않으면 서운해할 것 같고,

의무와 권한을 가진 공무원이 깨끗하게 일 처리를 해 주겠지만 뭔가 인사치례를 하지 않으면 허전할 것 같고, 승진 평가 시기가 코앞인데 다른 부서원들 모르게 상사에게 작은 선물이라도 하지 않으면 뭔가 불이익이 생길 것만 같다. 하지만 주는 사람과 받는 사람 모두에게 거리낌 없는 인사치례나 성의 표시 같은 것은 없다. 다 뇌물이다. 분명히 뇌물을 준 것이고 받은 것이다.

회사에서 아예 이런 규칙을 정하면 어떨까?

만 원 상당 이하의, 상대 회사의 로고가 새겨진 회사 홍보물은 받아도 되지만 이조차도 규정된 양식에 의거해 주무 부서에 접수 신고를 해야 한다.

씁쓸한 결론을 소개할 순간이다. 위에서 언급한, 대기업 구매 부서에서 근무하던 A는 납품업체로부터 받는 규모나 횟수 등이 심각한 수준이었는지 회사의 징계를 받고는 부장 자리에도 못 오른 채 퇴사하고 말았다. 관리 부서에 있는 B 역시도 임원 승진 심사 때 이러한 부분을 지적받으며 결국 승진에 실패하고 부장으로 회사 생활을 마감했다.

안타까운 사례다.

순간의 유혹이 평생을 좌우한다.

투서

지방 중견기업에 재직할 때의 일이다. 어느 날 투서를 한 통 받았다. 회사의 설비 부서 간부들이 모 업체로부터 수시로 향응 접대와 골프채 세트 등을 선물로 받았다는 내용이었다. 더불어 모든 발주를 그 업체에 중점적으로 밀어주고, 투서를 보낸 회사는 여태 들러리만 서 왔다는 것이다. 비밀리에 지시를 내려 최근 수년간의 설비 발주 내역과 업체 선정 과정의 이상 징후를 조사하여 보고하도록 했다. 그런데 얼마 지나지 않아 동일한 투서가 본사 회장에게까지 전달되었다. 회장이 법무·회계 부서 등에 조사를 지시했음을 알고는 자체 조사를 일단 중지시켰다.

본사 차원에서 23개월 조사를 진행했다. 그 결과 별다른 문제점(특정한 업체에 몰아주기 등의 내역)을 확인할 수 없었다. 향응 접대나 뇌물을 받은 내역 등에 대해서는 더더욱 입증할 만한 증거를 찾지 못했다. 아주 오래전부터 설비 부서 간부들이 거래처로부터 향응 접대와 뇌물을 받아 왔다는 것을 많은 직원이 암암리에 알고 있는 상황이었다. 그러나 이렇다 할 증빙 자료를 확보 못 한 채 후속 조치 없이 마무리되었다.

이후 2년이 지나 다른 부서에 있을 때, 비슷한 상황이 재차 전개되었다. 원인이나 출처가 분명치 않았으나 생산 현장 생산직 사원들 간에 이상한 소문이 떠돌았다. 설비공사를 이용하여 오너가 뒷돈을 받고 비자금을 만든다는 내용이었다. 분명하지 않은 내용이 생산 현장에까지 퍼지는 심각한 상황이었다. 이번에도 원인이나 출처 등의 조사에 나섰지만 역시 증거를 찾아내지도, 자세한 내용을 확인하지도 못했다.

사태의 심각성을 고려한 회사는 이러한 상황을 조기 종식하고자 특단의 조치를 취했다. 타 사업장에서 일하던, 설비와 생산 조직의 최고 책임자로 오랜 기간 근무해 온 임원 G를 퇴직시킨 것이다.

퇴직하게 된 G와 이야기를 나누었다.

"옛날에는 그러한 부정이 많았다는 이야기를 종종 들었습니다. 나 역시 선배들의 부정을 직접 목격하기도 했죠. 그러나 나는 절대로 깨끗한 사람입니다. 추호도 그러한 불미스러운 일을 한 적이 없습니다."

G는 그러한 주장을 여러 차례 강조했으며 그 내용을 인사 팀장과 회장에게도 분명히 밝혔다. 한편 관련 조직을 관장해 왔던 책임자로서 도의적 책임을 지라고 하면 책임을 지고 나갈 수 있다며 한 발 물러서기도 했다.

한 길 마음속을 알 수 없는 일이다. 과거 한때 부정을 저질렀을지는 몰라도, 당당하게 결백을 주장하는 사람이니만큼 현재는 믿어도 좋지 않을까 하는 생각이 들었다. 한편 오너 입장에서는 계속되는 소문과 의혹 등에 누군가 책임지고 물러나 주길 바랐을 것이다. 어쨌거나 결과적으로 투서의 내용을 정확하게 밝혀내지 못했기에 애매하게 책임자 퇴직으로 이어지지 않았나 하는 아쉬움이 남는 장면이었다.

윤리 경영 사례

F사에서 새롭게 일하려던 즈음, 임직원들의 부정이 심하고 금품을 요구하는 사례도 많으며 폐쇄적인 조직문화가 심하기로 유명한 데가 F사라는 이야기를 꽤 많은 분에게서 들었다. 간접적으로 전해 들은 내용도 있었고 직접 거래관계에 있으면서 경험한 내용도 있었다. 시작하기도 전에 그런 이야기들을 들으니 기분이 좋을 리 없었다. 과거에도 유사한 경험을 해 보았기에, 어느 정도일지 걱정도 되고 어떻게 바로잡아야 할지 고민도 많았던 기억이 있다.

각종 규정을 만들고 윤리경영헌장 선포식을 갖고 명절 때 안 주고 안 받기 공문을 올리는 것만으로는 오랜 관행으로 굳어진 비윤리적 부패 행위를 근절할 수 없다. 사람이 나서야 한다. 윤리적이고 투명한 임원이 본 업무를 관장하고 담당 부서를 지정하여 실무자들을 상시적으로 관리해야 한다. 세부 시행 기준을 만들어 강력하고 정교하게 시행하는 한편 주기적으로 모니터링해서 필요하면 징계까지 내릴 수 있어야 한다. 무엇보다 중요한 것은 지속적으로, 꾸준하게, 하나씩 서서히 시정해 나가는 의지력이다.

다음은 협력 업체로부터 금품과 향응을 받지 말 것을 촉구하는 문서와 선물 안 주고 안 받기 안내문 등의 일반 예시다.

윤리 경영에 대한 부탁 말씀

안녕하십니까.

○○○○ 곳곳에서 역할을 다하시는 임직원 여러분의 노고에 진심으로 감사드립니다.

여러분께서 회사 업무를 수행하시는 중 윤리적인 측면을 철저히 준수해 주십사 하는 부탁의 말씀을 드리고자 합니다. 이미 우리 회사는 설과 추석 명절 때 한시적으로 납품업체나 협력 업체로부터 금품과 향응 등을 접대 받지 말 것을 촉구하는 공문을 게시해 왔습니다. 이는 연중 내내 일상 속에서 생활화해야 하는, 따로 설명이 필요 없는 기본 원칙과 상식일 것입니다.

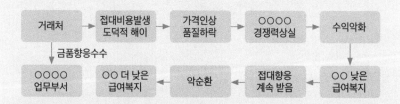

위에서 보듯 거래처에서 금품이나 향응 접대를 받는 것은 결과적으로 회사의 수익을 악화시켜 동료들의 급여와 복지를 빼앗아 가는 행위나 같습니다.

따라서 우리는 거래처와의 관계를 늘 윤리적으로 투명하게 유지하는 한편 경쟁력 있는 납품·협력 업체를 지속적으로 발굴하여 회사의 수익이 좋아지는 선순환을 만들어 나가야 합니다. 그래야 회사도 발전하고 직원 여러분들의 급여 복지 처우가 개선될 수 있습니다.

　이러한 점을 다 같이 인식하여 앞으로도 깨끗한 거래관계를 유지하고 경쟁력 있는 거래선을 지속적으로 발굴하는 노력을 기울여 주시기 바랍니다.

　감사합니다.

본 시행세칙은 윤리강령에 의거 세부시행요령을 정하고자 함.

1. ○○○○ 임직원은 거래관계에 있는 납품업체, 협력 업체, 고객사 등으로부터 어떠한 금품이나 향응, 접대를 주고받아서는 안 되며

2. 부득불 업무상의 이유로 식사를 하여야 하는 경우 당사에서 식사 비용을 부담하는 것으로 하되 1인당 1만 원 이하의 기준을 준수하며

3. 영업상의 목적이나 기타 특별한 불가피한 경우에 한해 고객사 등에 선물 등의 접대를 할 수 있으며 사전에 내부 결재를 득하고 시행하여야 한다.

금품이나 선물을 수수하였을 경우에는 아래의 지침에 따른다.

단, 회사의 로고가 새겨진 1만 원 수준 이하의 판촉 홍보물은 제외한다.

1. 상대방에게 적극적으로 윤리·투명 경영에 대해 설명하며 정중히 사양한다.

2. 불가피하게 소포, 택배 등으로 도착한 경우 윤리·투명 경영 시행에 대한 내용과 정중한 양해의 말씀을 담은 서신과 함께 반송한다. 이 경우 지정된 양식에 의거 관련 내용을 주무 부서에 신고 접수한다.

(거래처명, 담당자명, 선물 내용, 예상가, 조치 내용 등)

3. 반송이 불가한 경우에는 관련 내용을 지정된 양식에 작성하여 주무 부서에 신고 접수하며 물품도 같이 인계한다.

4. 주무 부서는 접수된 내용을 정리하여 보고하여야 하며 지침을 받아 인계한 물품을 반송 또는 적절하고 유익한 방안으로 처리한다.

회사는 임직원에게 지속적으로 '선물 안 주고 안 받기 운동' 등 윤리·투명 경영에 대해 홍보 교육을 하며 발생 가능성이 높은 명절 등에는 최소 3주 전에 전 거래선에 윤리·투명 경영 시행에 대한 안내문을 발송한다.

위와 같은 노력과 홍보 교육에도 불구하고 금품을 수수하거나 향응 접대를 받은 사실이 확인될 경우에는 회사는 인사위원회를 열어 경중에 맞는 엄격한 징계 조치를 한다.

별첨 양식 : 신고 양식, 반송 시 서신, 명절 등의 안내문

별첨 양식 1

신고부서		선물 등 접수 신고서	주무부서		
담당	팀장		담당	팀장	
거래처명					
담당	소속				
	사번				
	성명				
선물내용					
예상가격					
조치 내용	담당자				

안녕하십니까.
평소 귀사의 협력과 성원에 깊은 감사 말씀을 드립니다.

저희 ○○○○(주)는 모든 임직원들이 업무를 임함에 있어 윤리적이고 공정한 자세를 지키고 건전한 상거래 질서를 견지, 협력 업체와의 투명하고 긍정적인 유대 관계를 지속적으로 유지할 수 있는 윤리·투명 경영이 회사 전반에 뿌리 내릴 수 있도록 방침을 정하고 이를 대내외적으로 적극 알리고 실천하고 있습니다.

이러한 취지에서 거래관계에 있는 모든 고객, 납품 협력 업체 등으로부터 어떠한 금품이나 선물 및 향응 접대를 받지 않도록 기본 운영 방침을 실천하고 있는 바, 이번에 각별히 마음 쓰시어 보내주신 물품을 다시 돌려주고자 하오며 다만 그 성의와 정성은 저의 회사 모든 임직원이 감사한 마음으로 기억하겠습니다.

부디 이 점을 십분 해량하여 주시고 어떠한 오해나 불편한 마음을 갖지 않으시기를 바라오며 앞으로도 많은 협력과 성원을 부탁드립니다.
끝으로 항상 귀사에 행복한 일들만 가득하시고 많은 발전 있으시기를 바랍니다.

감사합니다.

○○○○(주)

대표이사 ○○○(인)

안녕하십니까.

귀사의 일익 번창하심을 기원드리며 평소 협력과 성원에 깊은 감사의 말씀을 드립니다.

저희 ○○○○(주)는 모든 임직원들이 업무를 임함에 있어 윤리적이고 공정한 자세를 지키고 건전한 상거래 질서를 견지, 협력 업체와의 투명하고 긍정적인 유대 관계를 지속적으로 유지할 수 있는 윤리·투명 경영이 회사 전반에 뿌리내릴 수 있도록 방침을 정하고 이를 대내외적으로 적극 알리고 실천하고 있습니다.

이러한 취지에서 거래관계에 있는 모든 고객, 납품 협력 업체 등으로부터 어떠한 금품이나 선물 및 향응 접대를 받지 않도록 기본 운영 방침을 정하고, 이러한 부분을 모든 거래 관계사와 공유하는 한편 저희 회사 임직원들이 철저하게 준수하도록 교육 홍보하고 있습니다.

귀사도 저희보다 한 차원 더 높은 윤리·투명 경영을 실천하고 있으리라 사료됩니다만 다가올 특별한 시기에 한 번 더 이러한 뜻을 나누고자 본 서신을 드리오니 넓게 혜량하여 주시기를 바라마지 않습니다.

앞으로도 변함없는 협력 관계가 유지될 수 있도록 최선을 다하겠다는 말씀을 드리며 다시 한 번 귀사의 많은 발전을 기원합니다.

감사합니다.

○○○○(주)

대표이사 ○○○(인)

6. 조직문화

___

한 사람 한 사람이 모두 중요한 자산

직장에서의 첫 번째 실망

처음 회사 생활을 시작한 그룹 자회사에 입사 배치된 직후의 일이다. 신입 사원으로서 사장과의 면담이 있었다. 다 기억나지는 않지만 한참 이런저런 것을 물어보기도 하고 직장 생활 잘하라는 격려 말씀을 했을 것이다. 그런데 마지막 말씀이 자꾸 마음에 걸렸다.

"아직 취업 못 한 친구 있지? 면접 때 지방 근무가 가능하냐고 물어보면 '그렇습니다'라고 대답하라고 해. 그게 좋아."

이후에 그 뜻을 알게 되었다.

회사에서 나를 채용할 당시, 근무 위치가 지방 소재 공장으로 되어 있었다. 그런데 채용 후 본사에서 나를 본사 근무로 변경했고, 공장 근무자는 추가 채용하기로 했다. 이후에 과연 신입 사원 두 명이 채용되었고 두 명 모두 지방 근무였다. 그런데 이 과정에서 신입 사원 민 아무개가 '지방 근무는 어렵겠다'는 식으로 이야기했다는 얼토당토않은 말이 만들어진 것이었다. 그래서 사정 모르는 사장이 그러한 충고를 한 것이었다.

직장 생활을 시작하면서 처음 느낀 실망이었다.

당시 근무했던 부서가 인사 업무까지 관장했기에 이처럼 둘러대고 근무지를 조정하기가 수월했을 것이다. 그러나 당사자가 하지도 않은 말을 한 것처럼 해서는 안 될 일이었다. 그 때문에 신입 사원 되자마자 사장에게 좋지 않은 인상을 남기고 말았으니 말이다. 부장은 이런 생각은 전혀 못 했던 것일까. 지방 근무는 어렵겠다고 할 생각은 전혀 없었다. 서울이건 지방이건 문제 될 게 없었다. 그럼에도 이러한 상황이 만들어진 것이 상당히 실망스러웠다. 사실 그대로, 본사에도 사람이 필요하니 우선 배치하고 공장은 추가로 채용하기로 했다고 보고해도 됐을 것이다.

이후 직장 생활을 하면서, 본사와 공장 책임 관리자 간의 알력이 심한 모습을, 상호 소통이 원활하지 않고 경직된 조직문화를 고스란히 목격했다. 거듭 실망스러웠다. 부서장이나 임원 간의 대화와 협의는 잘 이루어지지 않았으며 오히려 견제와 갈등이 흔했다. 그러다 보니 일선 실무자 간에 업무 협력이 원활할 수 없었다.

업무 발전과 인재 육성 등은 더더욱 기대하기 어려웠다. 대기업의 단점이었다. 그리고 이런 부분은 훗날 대기업에서 중견기업으로 일찍 방향을 바꾸었던 이유의 하나가 되었다.

생산 팀의 한계

지방의 판상재 관련 제품을 생산하는 공장에서 있었던 일이다. 생산 부서 직원들의 잘못된 태도와 바람직하지 않은 조직문화가 지나칠 정도였다. 참담한 심정을 글로 써서 생산 부서 직원들에게 보여 주기까지 했다.

그 첫 번째 사례. 당시 회사는 업계에서 유일하게 친환경제품을 생산 못 하고 있었다. 게다가 경쟁사 대비 제조 경쟁력이 형편없이 낮았으며 이는 다년간 손익 적자로 이어졌다. 이를 해결하고자 핵심 기술을 도입하는 케미컬 프로젝트를 추진하고자 했다. 이에 따르면 친환경제품을 원활히 생산할 수 있었고, 생산 속도가 크게 증대되어 10퍼센트 이상의 제조원가 절감이 확실했다. 그야말로 대박 프로젝트가 분명했다. 실로 회사의 사운이 걸린 프로젝트였다. 확실한 성과를 낼 수 있는 최고의 기회였고 회사가 한층 성장하는 한편 직원들도 보람을 찾고 보상을 받을 수도 있었다.

그런데 프로젝트를 진행하는 모습이 뭔가 이상했다. 이상하리만치 소극적이었다. 프로젝트의 효과를 일부러 최소화하여 리포트를 작성하는 일까지 있었다. 어째서일까? 프로젝트가 잘 진행되면, '지금까지 최고라고 치부하던 우리 생산 팀의 변변치 않은 실력이 드러나지 않을까' 우려했던 것일까? 결국은 기술 제공자가 이런 사람들하고는 일 못 하겠다고 통지해 왔다.

두 번째 사례. 그즈음 들어 고객 클레임이 유독 잦아졌다. 프레스 설비를 부분 교체 보수한 뒤로는 더욱 그랬다. 그럼에도 단발성이니 크게 걱정할 것 없다는 목소리들이 나왔다. 나로서는 상당히 우려스러웠다. 급기야 관련기관의 불시 점검이 있었고, 결국은 품질에 문제가 있는 것으로 판명되며 KS 심사까지 이어졌다. KS 심사에 대응한다고 원부재료를 과도하게 투입했다. 제조원가가 엄청나게 상승하며 3개월간 10억여 원의 손실을 보았다. 그러고도 평균치에 미달하는 저품질 제품 생산이 줄지 않았다. 결국은 2차 KS 심사에서도 사실상 불합격을 받았다. 회사의 형편없는 생산 수준이 만천하에 드러난 셈이었다.

세 번째 사례. 어려운 와중임에도 생산 팀은 협조하는 모습을 보여 주지 않았다. 가동률이 중요한 장치산업이었으므로 회사는 가동 일수를 최대한 높이기 위해 여름휴가 일정을 노동조합과 상의했다. 회사가 어렵게 결정하고 조합이 양해한 끝에 단체협약의 유급휴가 4일 조항을 연계, 하루는 설비 정비하는 평일 근무로 하고 정식 휴가는 4일간으로 정했다. 이러한 취지를 아침 회의 등에서 분명히 전달했다. 그러나 생산 팀은 노동조합장과 관계가 좋지 않았던 생산부장의 지시로 본사의 5일 휴가라는 문서를 현장 세 곳에 부착, 회사의 인사 정책에 정면으로 반기를 들었다. 나아가 조합원과 조합 간부들 사이를 불신과 갈등으로 몰아넣으며 고의로 혼란을 야기하기도 했다. 이 상황을 어떻게 해석해야 좋을지 머리가 다 아팠다.

네 번째 사례. 환경설비에서 가장 중요한 핵심 방제 설비 S를 운영하는 부서 역시 생산 부서였다. 그런데 (기계적 결함이 직접적인 원인이라지만) 배출되는 수증기에 유해한 화학 성분이 섞인 채 두 시간 넘게 무단 비산되는 환경 사고가 발생하고 말았다. 그것도 두 시간 동안이나 무방비 상태로 모르고 있다가 인근 마을에서 민원이 들어오고 나서야 사실을 알게 되었다. 어쩔 수 없는 일이라고만 치부할 수는 없었다. 적어도 운영 주체 부서로서 비상시 매뉴얼, 작업 지침, 설비의 안전장치 등이 갖춰져 있어야 했다. 하지만 이런 대비는 전혀 없었다. 그 와중에 더욱 놀라운 사실이 밝혀졌다. 회사 비용을 절감하기 위해서라며 유해 물질이 담긴 응축수를 S 설비를 통해 날려 보냈던 것이다. 실로 전근대적이고 비정상적인 불법 자행이었다. 폐수처리 비용 몇 푼 아끼려다 한순간에 회사를 커다란 위기 속으로 몰아넣고 결국 문을 닫게 할 만한 일이었다. 사고 이후 회사 앞으로 몰려드는 주민들의 시위가 뜨거워져만 갔다. 회사를 다른 지역으로 이전하든가 확실한 대책을 내놓으라는 주장들이었다.

제조업 회사의 근간은 생산이다. 대다수의 인원이 생산에 속해 있다. 생산 부서가 얼마나 적합한 품질과 원가 경쟁력을 갖춘 제품을 생산할 수 있는가는 회사의 운명과 미래를 좌우하는 문제다.

방제 설비의 부실 관리와 운영 과실도 모자라 불법 폐수처리를 은폐해 온 정황까지, 회사가 징계위원회를 열어 두 직원에게 감봉과 경고의 징계 처리를 했다. 그러나 책임자인 생산부장은 징계위원회에도 출석하지 않았고 이후에 회사에 나오지도 않았다. 생산부서 직원들에게 "어쩌면 이렇게들 할 수 있냐!"라고 큰소리를 내고야 말았다.

나름 오랜 역사와 전통을 가지고 있던 회사가 어쩌다 이토록 한심한 조직으로 전락했을까?

경영진들은 대체 어떤 생각으로 경영해 온 것일까?

이런 회사에 존재의 가치가 있을까?

갈 길이 멀고도 험하기만 했다. 일상 업무 속의 중요한 사안들을 위선적인 시선으로 바라보는 실무자들의 모습들이 실로 가슴 아팠다. 바람직하지 못한 태도가 전체 직원들에게 만연되어 있었다. 뒤틀리고 왜곡된 조직문화 때문이었다. 오랫동안 관리가 되지 않는, 주인 없는 회사처럼 운영된 때문이었다. 최소한의 지켜야 할 공정과 상식의 기준이 없기 때문이었다.

직원 개개인의 가치관마저 무너진 최악의 상황이었다.

조직문화의 대전환이 필요한 상황이었다.

엄청난 고통을 견디고 변화와 혁신을 감당해야 할 상황이었다.

회사에 있으면 안 되는 사람

회사 조직 내의 인원을 능력 등에 따라 A 그룹 30퍼센트, B 그룹 40퍼센트, C 그룹 30퍼센트로 분류하곤 한다. 여기서 C 그룹 30퍼센트에 대해 고민이 뒤따른다. 개중에 가능성 있는 사람에게는 다른 적합한 직무를 부여하여 성공 경험을 맛보게 할 수 있다. 추가적인 노력이 필요한 사람이면 동기부여를, 직무 지식이 더 필요한 사람이면 교육의 기회를 줄 수 있다. 당사자와 깊이 상의하고 다양한 방법을 찾아서 그들이 B 그룹으로 올라갈 수 있도록 노력과 정성을 다해야 한다.

그런데 이러한 노력조차 통하지 않는 나머지 5퍼센트 정도의 인원은 어떻게 할 것인가. 거의 모든 조직의 가장 큰 고민일 것이다. 본인과 허심탄회하게 이야기를 나눈 뒤, 6개월 또는 1년 등 일정 기간의 여유를 주고 이후 재평가를 할 수도 있다. 그렇게 했음에도 변화될 여지가 전혀 없다면 다른 일자리를 찾을 수 있도록 하는 게, 당장은 마음이 아프지만 장기적으로는 개인이나 회사의 입장에서 좀 더 바람직하지 않을까 싶다. 안 되는 부분을 강요하며 낙오자로 만들고 회사 역시 업무에 공백과 문제가 생기는 것보다, 오히려 더 늦지 않게 새로운 길을 찾아보도록 지원하는 게 당사자를 위하는 일이 될 수 있다. 여기서 중요한 것은 당사자와 진실하게 허심탄회하게 여러 차례 대화를 나눠야 한다는 것이다. 이후 일반적으로 근속 연수에 따라 위로금을 지급하고 간단한 퇴직 지원 프로그램 등을 운영하는 게 좋다. 이때도 자신의 일에 임하듯 열과 성의를 다해 전 과정을 기획, 운영하는 한편 그 결과를 일정 기간 팔로우업하면서 개별 피드백을 해 줘야 한다.

또 하나 중요한 것은 이러한 인력 평가가 얼마나 정확하게 이루어지는가 하는 부분이다. 대체적으로 기본적인 인성 평가, 성과 평가(업적 평가) 및 역량 평가로 구성되는 인사 평가 제도에 무엇보다도 공정성과 신뢰성이 확보되어야만 한다.

더불어 어쩔 수 없이 떠나가는 인력을 대신할, 새롭고 신선한 신규 인력의 순환 또한 필요하다. 그래야 기존 인력도 더욱 긴장감을 갖고 노력하기 마련이다. 덩달아 조직도 더욱 생동감 있고 활기찬 분위기를 유지할 수 있을 것이다. 신입 사원 채용 시, 회사가 조직의 발전을 위해 꾀할 수 있는 효과는 다양하다.

오랜 세월 회사 생활을 하면서, 조심스럽지만, 다음과 같은 사람은 정말로 회사에 있어서는 안 되는 사람이라는 것을 거듭 깨달았다.

1. 성향의 문제를 갖고 있는 사람 (인성/태도 관련)

   - 통상적·상식적 판단에 장애가 있는 사람

   - 정당한 사유 없이 회사 정책이나 운영 방침에 반하는 사람

   - 정상적 가치관에 미달하는 사람

2. 상시로 부정을 저지르는 사람 (윤리 투명 관련)

   - 납품업체와 협력 업체로부터 수시로 리베이트, 향응, 금품, 접대를 받는 사람

3. (정말로) 무능한 사람 (역량과 성과 관련)

   - 조직이나 동료의 수준에 많이 못 미치는 데다 도저히 교육이 불가능해, 회사의 업무에 막대한 지장을 초래하는 사람

4. 회사에 대내외적으로 큰 사고를 일으키거나 상당한 피해를

주는 사람

  - 역량과 조직문화 관련

5. (정말로) 일하기 싫어하는 사람

  - 태도와 조직문화 관련

커뮤니케이션으로 살아 숨 쉬는 조직

사회생활에서 가장 어려운 부분이 상대방과의 소통, 즉 커뮤니케이션이라고 한다. 직장 생활의 경우는 더욱 그러하다. 커뮤니케이션에 특정한 목적이 있기 때문이며 대화 상대방이 마주 대하기 어려운 상사일 수도 있기 때문이다. 생소하거나 잘 모르는 업무 분야에 대한 대화는 더더욱 힘들 것이며 회사라는 시간적 · 장소적 한계도 분명하기 때문이다. 그리하여 전달하는 입장에서 '충분히 설명했으니 이해했겠지'라고 믿고 훗날 확인해 보면 전혀 다른 진행 과정이나 결과를 종종 발견할 수 있다. 받아들이는 사람에 따라 그 이해도가 천차만별이기 때문이다.

의사소통의 어려움을 다음처럼 표현한 글이 있다.

"처음으로 대화하고 의사를 전달하면 상대방이 50~60퍼센트 정도 이해하고, 두 번째로 대화하면 60~70퍼센트 정도 이해하고, 세 번째로 대화하면 70~80퍼센트 정도를 이해하게 된다. 이처럼 반복해서 대화하고 의사를 전달하면 할수록 전달률이 증가하는데, 90퍼센트에 이르고 나면 더 이상 증가하지 않는다."

임원 회의에 참석한 임원이 60퍼센트 전달받은 내용을 팀장 회의에 전달하면 각 팀장들은 그중에 60퍼센트를 이해하게 되고, 팀장들이 이것을 팀원들에게 전달하면 팀원들은 또 그중에 60퍼센트 정도를 이해하고 받아들이게 된다. 처음에 대표가 100퍼센트를 이야기했다 치면 임원들은 60퍼센트를, 팀장들은 36퍼센트를, 일반 직원들은 21.6퍼센트를 이해하게 된다는 것이다. 결국 회사 경영자들은 같은 주제나 사안에 대해 임원뿐 아니라 직원들에게도 직접적으로 끊임없이 반복해서 전달해야 한다. 본인이 의도하는 바를 최대한 이해시키면서 일을 추진해야 한다.

더불어 의사소통을 할 때, 반드시 글로써 명확한 의미를 남겨서 이해도를 높이는 게 좋다.

사람은 머릿속으로 온갖 상상의 나래를 펼친다. 문제는 이러한 상상의 나래를 말로 전부 설명할 수 없다는 점이다. 상상의 나래를 말로 설명하려면 단순한 생각이어서는 안 된다. 이미지가 구체화된 생각이어야 한다. 구체적으로 이미지를 형상화했을 때만 말로 표현할 수 있고 상대방에게 전달할 수 있다. 누군가 말하는 것의 대략적인 의미, 개념과 의도를 상대방이 모두 이해하는 것은 아니다. 듣는 사람마다 이해의 깊이와 정도가 다르기 때문이다. 다시 말해 정제되지 않은 말은 거기 담긴 개념과 의미를 모든 사람에게 똑같이 전달하지 못한다. 그래서 하려는 말을 반드시 글로 써 봐야 한다.

생각한 것이나 말했던 것을 글로 옮겨 쓰는 게 쉬운 작업은 아니다. 생각을 정리하고 개념화하고 이를 상대방이 쉽게 이해할 수 있도록 적절한 어구와 단어를 동원해서 간결하게 써야 하기 때문이다. 생각을 개념화하고 말을 정리해야 한다는 게 특히 어렵다. 이렇게 글로 쓴 것을 전달해도 완벽하게 이해되고 받아들여지는 데에는 여전히 어려움이 많다. 결국은 대화를 통해 부연 설명을 하며 감성적인 부분까지 전달할 필요가 있다.

다시 정리한다. 회사에서 원활한 의사소통을 하려면 말과 글이, 이를 보완하는 대화가 추가적으로 필요하다. 글이 없이 말만으로는 절대 목적을 이룰 수 없다. 글로 표현하되 이를 대화로써 보완하는 것이 좋다. 제일 좋은 방법은 말을 통해 어느 정도까지 상호 이해의 폭을 넓히고, 이후에 반드시 글로 표현해서 복잡한 내용을 구체화하고, 마지막으로 감성적인 대화와 설명으로 마음 깊은 곳까지 상호 공감을 하는 것이다.

단위 조직을 이끌고 있는 부서장들은 따라서 평소에 글을 많이,

자주, 습관처럼 써야 한다. 글을 이용해서 의사결정 사항, 지침, 공유 사항들을 전달해야 한다. 이를 생활화해야 한다. 그리고 반드시 대화를 추가해야 한다. 여기서 글이란 장문이 아니라 짧고 간결하더라도 구체적으로 뜻하는 바를 적절히 표현하는 정도면 충분하다.

전체적인 사항에 대해서 이미지와 주요 개념을 대화로 설명하고, 이후에 명확하고 간결하게 의미가 함축된 단어로 표현하고, 추가로 왜 이러한 생각을 하게 되었는지, 이것이 왜 필요한지, 과정은 어떤 모습일지 등 세세한 사항을 추가로 전달하는 것이 가장 이상적이겠다.

같은 방향을 보게 하는 힘, '화합'

2000년대 초, 목재 관련업 A사는 B 그룹이 소유하고 있던 같은 업종의 C사를 M&A(Merger and Acquisition: 기업인수합병)했다. 그런데 당시 C사는 과거의 규모, 실적, 브랜드 가치, 급여·복지 수준, 인력 수준 등 여러 측면에서 A사보다 오히려 나은 상황이었다. 오랜 기간 대기업들이 소유하고 관리해 온 덕이었다.

A사 입장에서는 합병을 하고도 여러모로 난처했다. 동일 근속

인원의 급여와 직급이 합병당한 C사보다 적고 낮았으며 승진 등도 1년 정도 차이가 났기 때문이다. 복리후생의 차이도 문제였다.

A사 직원들로서는 '우리가 합병했는데 급여나 직급이 오히려 낮다니 이게 뭐람' 하는 불만이 없을 수 없었다. 합병당한 C사의 직원들 또한 '혹시라도 감원되거나 급여와 직급을 합병회사에 맞추는 불이익이 있지 않을까?' 하는 걱정이 없을 수 없었다. 더욱 문제는 합병 이후 인적 교류가 원활치 않다는 점이었다. 한 방향의 조직문화로 자연스럽게 동화되지 않고 서로가 이질적인 집단으로 남게 되었다는 점이었다.

예의 상황을 타개하기 위해 세 가지 조치를 했다.

첫 번째는 급여 차이에 대한 것이었다.

두 회사 간 급여 차이가 아니라 동종 업계, 지역 내 타 업체와의 급여 차이를 인식시켰다. 이어 두 회사 간 차이를 뛰어넘는, 좀 더 높은 수준의 목표를 설정했다. 다년간 계속적으로 높은 급여 인상을 추진하면서 두 회사 직원 간 차이를 좁히면서 격차에 대한 인식도 자연스럽게 희석시켰다. 두 회사 간 급여 차이를 놓고 따지던 시야를, 제3사의 더욱 높은 급여를 목표하도록 확장시킨 것이다. 이렇게 몇 년 지속하다 보니 두 회사 간의 격차는 거의 없어지고 절대 급여 수준도 그룹 대기업의 수준에 근접하게 되었다. 이 덕분에 이후에 우수한 인력을 유치하기가 훨씬 용이해졌음은 물론이다.

두 번째는 학벌과 직급 차이 등에 대한 것이었다. 그 차이를 강제로 조절하는 대신 해외 진출과 우수 인재 육성 프로그램을 가동했다. 대리급과 과장 1년 차들을 대상으로 가능성 있는 우수 인력을 선발, 연간 우수 인재 육성 프로그램을 지속적으로 운영한 것이다. 두 회사의 직원 간 차이에 연연하기보다 선의의 경쟁으로 우수 인력 확장에 노력, 자연스럽게 같은 목표를 보도록 했다.

세 번째는 직접적인 교류를 통해 정서적 공감대를 형성하는 것이었다.

위의 두 가지 조치와는 별개로, 한 가족으로 동화되려면 물리적인 접촉이 꼭 필요했다. 전 직원 체육대회가 있었으나 주로 생산직 사원의 축제였고 사무직 직원들은 별 흥미가 없었다. 이에 350여 명의 사무직 직원들을 대상으로 1박 2일 한마음 행사를 진행했다. 사상 처음이었다. 장기 자랑, 그룹별 경연, 한마음 선언 대회, 캠프파이어 등등 다양한 프로그램을 함께하며 정말로 한 가족이 되어 갔다. 350여 명으로 시작된 첫 행사를 시작으로 오늘날까지 근 20년간 매년 개최하고 있다. 요즘은 해외 사업장 직원들까지 참가하는 대규모의 행사로 자리매김했다.

주5일 근무

토요일에도 어김없이 근무하던 시절이 있었다. 이제는 오래되어 기억조차 가물가물한 추억이다. 토요일 오전 근무를 하고 점심 식사를 한 뒤 조금 더 일하다가 퇴근하여 집에 도착하면 오후 세 시나 네 시 정도였다. 그래도 반공일이라는 생각에, 일요일인 내일이면 하루 종일 쉰다는 생각에 뿌듯했던 기억이 난다. 일부 기업들은 토요일에 월례 조회나 월 간담회 등을 지정하여 운영하기도 했다. 토요일 점심이면 부서원 모두 근처 중국집에 가서 자장면과 군만두를 나눠 먹곤 하던 장면이 떠오른다. 2005년 이후에 회사 생활을 시작한 사람들은 이 같은 추억의 토요일 근무 경험이 없을 것이다. (인원과 규모에 따라 주5일 근무 시행 시기에는 차이가 있다.)

주5일 근무가 공식적으로 시행되기 전, 나는 주5일 근무를 해야 한다고 틈만 나면 떠들었다. 내 또래 회사원들이 대개 그랬듯 야근을 밥 먹듯 하는, 필요하면 휴일 근무도 마다하지 않는 편이었지만 나름의 생각으로 주5일 근무의 필요성을 역설하곤 했다. 월요일부터 금요일까지 5일 동안은 바쁘게 열심히 일하고, 대신 반드시 토요일 일요일 이틀을 쉬어야 한다는 내 나름의 이유는 분명했다.

하나, 이틀 중 하루는 내 주변 분들을 위해서 사용해야 한다는 것.

회사 생활을 하면서 평일 저녁에 누군가를 만나기 위해 시간을 내기란 쉽지 않다. 2000년대 전까지는 거의 불가능했다. 주말 이틀 중 하루를, 부모님을 찾아뵙거나 형제를 만나 안부를 묻고 식사를 하거나 가까운 친지 어르신을 찾아뵙는 데 쓸 수 있다. 졸업 후 얼굴 보기 힘들어진 친구들을 만나거나 무엇보다 이성 친구를 만날 수도 있다. 회사 동료와 친구의 결혼식, 돌잔치 등 한 달에 네다섯 번은 찾아오는 애사와 경사 등에 참석하다 보면 1년에 몇 번 부모님을 찾아뵙는 것도 어렵다. 친구를 위해 시간을 내는 것은 분기에 한 번 순서가 돌아올까 말까다. 더욱이 결혼한 경우라면 같이 찾아뵙고 시간을 할애해야 할 일이 두 배로 늘어난다. 배우자를 위해서도 일정 부분 할애해야 할 시간이 당연히 필요하다.

둘, 주말 이틀 중 하루는 오롯이 나 자신만을 위해 사용해야 한다는 것.

피로를 풀기 위해 실컷 낮잠을 자는 것도 좋다. 체력 유지를 위해 운동을 하는 것도 좋다. 영어학원에 가는 것도 좋다. 물론 지난주에 처리하지 못한 일을 여유롭게 처리해도 좋다. 업무에 필요한 참고 서적을 읽어도 좋다. 다음 주의 일정과 주요 업무를 머릿속으로 정리해 봐도 좋다. 어쨌거나 이틀 가운데 하루는 반드시 본인을 위해 사용해야만 한다. 본인만을 위한 하루가 없다면, 이 온

전한 하루에 시간을 할애하지 않는다면, 언젠가는 빈껍데기만 남은 자기 자신을 마주해야 할 것이다.

최근 들어 주4일 근무에 대한 논의가 뜨겁다. 아직은 시기상조라지만 재택근무나 모바일 이동 근무, 근거리 사무 공간 활용 등과 연계하여 서서히 주4일을 정착해 가는 것도 대안이 될 수 있을 것 같다.

워라밸

지방에서 처음 근무를 시작하던 당시의 일이다. 1990년대 초반인지라 지방 중견기업으로서 업무 체계나 프로세스 등이 완벽하게 갖춰지지 않은 상태였다. 공무원 조직이나 공기업처럼 느슨하고 관리가 잘 안되는 분위기의 회사였다. 오기 직전에 회사 오너가 한 가지 문의를 해 왔다.

"정부의 지원 정책 덕에 생산량이 두 배 이상 증가한 상황이에요. 사무직원들이 늦게까지 일하면서 연장 근무 수당 부담이 지나치게 커졌는데, 어떻게 하면 좋을까요?"

기본급 비중이 많이 낮은, 연장 근무를 일정 수준 이상으로 해야 생활 급여가 충족되는 상황이었다. 또한 하루 4~5시간의 연장 근무가 기본인 상황이었다. 생활 급여를 채워야 한다는 게 근본적인 문제였다. 거의 매일 밤 10시나 11시에 퇴근해서 다음 날 아침 7~8시쯤 집을 나서는 직원들로서는 가정생활도 회사 생활도 정상적으로 수행하기가 어려울 수밖에 없었다. 일단 사무직원들의 하루 연장 근무 시간을 최대 3시간으로 제한하고 급여 등은 조속히 검토하여 개선하자고 제안했다.

이후 사무직원들의 대체적인 일과에 약간의 변화가 있었다. 8시 30분에 업무를 시작하여 오후 5시 30분경에 저녁 식사를 하고 6시에 연장 근무를 시작하여 9시에 퇴근하는 것으로 말이다. 그러나 총 근무시간이 여전히 많았다. 여전히 가정생활다운 가정생활은 기대하기 힘든 상황이었다. 토요일 근무가 있던, 가정생활과 휴식을 위해 일요일 단 하루가 주어지던 시절이었다. 회사 생활 역시 제대로 돌아갈 리 없었다. 절대적인 휴식이 부족하니 활기라고는 없이 항상 피곤한 상태였다. 퇴근하고 나면 힘에 겨운 나머지 회사 업무를 까맣게 잊고, 다음 날 겨우 출근해서는 처음부터 다시 시작하듯 너무도 효율이 없는 상태의 연속. 정상적인 업무 진행이 어려웠다. 먹고살기 위한 방편일 뿐이었다.

이후로 기본급을 현실화하고 수당 비중을 낮추는 등 급여 구조를 개선해 나갔다. 이렇게 점진적으로 연장 근무 시간을 더욱 줄여 나갔다.

2000년대 초반, 워라밸(work-life balance) 개념이 우리나라에 처음 도입되었다. 2017년에는 고용노동부에서 워라밸을 제고하기 위해 일과 가정 양립과 업무 생산성 향상을 위한 '근무 혁신 10대 제안'을 발간하기도 했다. '정시 퇴근', '퇴근 후 연락 자제', '업무 집중도 향상', '생산성 위주의 회의', '명확한 업무 지시', '유연한 근무', '효율적 보고', '건전한 회식 문화', '연가 사용 활성화', '관리자부터 실천' 등이 그 10가지 제안이었다. 좋은 취지다. 그러나 한두 가지를 제외하면 대부분 추상적이어서 구체적인 실천이 쉽지 않았다. 대다수의 기업이 기준으로 삼고 지키고자 노력하고는 있지만 임직원 개개인과 그들의 가족이 느끼기에는 별다른 효과가 뒤따르지 못하는 것 같다. 앞으로 더욱 구체적이고 효과적인 운영이 필요하다.

기본적으로 워라밸이란 '회사에서 근무하는 시간을 현재보다 줄이고 회사와 가정에 쓰는 시간을 적절히 양분하는 것'으로 생각된다. '회사에 있을 때는 회사 일만 하고 집에 있을 때는 집 생활을 충실히 하라는 것'으로 생각된다. 그런데 업무 효율성이나 생산성의 제고 및 향상 없이 갑작스럽게 근무시간만 줄일 경우, 회사의 운영과 수익 창출에 악영향을 줄 수도 있다. 더욱이 우리나라의 거의 모든 중소중견기업은 아직도 낮은 생활 급여 수준으로 많은 초과근무를 할 수밖에 없는 구조다. 점진적으로 기본급 수준을 높이고 연장 근무 수당 비중을 낮추는 것이 선행되어야 한다. 회사 생활 시간과 가정생활 시간을 적절하게 유지하는 한편 업무 효율성과 생산성을 제고하는 노력이 병행되어야 한다.

1980년대에 직장 생활을 시작한 나는 회사 일의 비중이 그 밖의 일상보다 압도적으로 큰 직장 생활을 했다. 야근을 밥 먹듯 했지만 될 수 있으면 안 하려고 노력하는 편이었다. 효율적인 업무 처리를 위해 프로세스를 개선하거나 전산화하기도 했었다. 하지만 급여 구조의 개선 등이 근본적으로 선행되지 않는다면 어려운 이야기였다.

대부분의 오너 등 경영자의 마인드는 이렇다.

"직원들이 열심히 일해서 회사가 돈을 벌면 알아서 급여도 올려 주고 근무시간도 줄여 주고 복지도 개선해 줄 겁니다. 그러니 먼저 성과를 내고 이야기합시다."

하지만 반대로, 먼저 일반 수준에 맞춰 급여를 올려 주고 복지를 개선해 주고 긍정 마인드의 동기를 부여해 주면 회사가 발전하고 이익을 실현할 가능성이 훨씬 높아질 것이라고 생각한다. 근로자가 먼저 나서서 조직을 바꾸기는 힘들다. 회사나 오너가 직원들을 위해 먼저 움직여야 한다. 만고의 진리이자 철칙이다.

최근에 조용한 퇴근, 나아가 조용한 사직(quiet quitting: 직장을 그만두지는 않지만 정해진 시간과 업무 범위 내에서만 일하고 초과근무를 거부하는 등의 노동 방식)이 유행이다. 내가 회사에 투입하는 노력과 시간에 비하여 보상이 적절하지 않다는 생각, 내가 궁극적으로 하고 싶은 일은 지금 하고 있는 이 일이 아니라는 생각의 결과가 아닐까 싶다. 결국은 본인의 선택이다. 기계적이고 반복적이며 정형화된 업무 형태지만 보상이 적고 성장에 한계가 있는 일도 있을 것이고, 노력과 열정과 창의력 등의 헌신을 요구하지만 일정 수준의 보상과 발전을 꾀할 수 있는 일도 많을 것이다.

워라밸은 말 그대로 일과 가정의 양립이다. 나는 이를 일과 가정의 경계가 없는 상태라 해석한다. 가정과 회사라는 두 가지 원은 주로 독립적으로 존재하고 움직이지만 이따금 겹치는 경우가 생긴다. 이 경우 회사에서도 집의 문제를 궁리하거나 처리할 수 있으며 가정에서도 회사 일을 고민하고 처리할 수 있다. 물론 두 개의 원이 독자적으로 잘 돌아가도록, 겹치는 부분이 가능한 생기지 않도록 노력해야 한다. 개개인은 이를 위한 제도적 장치를 많이 요구하고, 회사는 회사대로 이러한 부분이 조직원들의 일상에 마이너스 영향을 주지 않도록 기본적으로 고려해야 한다. 무엇보다 직원들의 생활이 더 나아지도록 접근하는 노력이 우선되어야 한다.

신토불이身土不二 아닌 가사불이家社不二

세상에는 수없이 많은 세계가 존재한다. 일상으로 접하는 한 사람 한 사람이 독자적인 별개의 세계다. 가족 단위, 지역사회, 국가 등도 서로 전혀 다른 모습과 특징을 가진 별개의 세계다. 동일한 부분도 많이 있겠지만 개개의 사고방식, 가치관, 생활양식 등 독특한 부분으로 서로 구분되며 이러한 특징으로 그 세계만의 문화를 형성해 나간다.

기업들도 제각기 다른 세계다. 속해 있는 사업 영역, 오너의 능력과 가치관과 사고방식, 조직 구성원들의 역량과 태도 등등에 따라 겉으로는 비슷해 보이지만 속은 판이한 별개의 세계들이다. 어떤 세계이냐에 따라 기업은 일하는 문화, 임직원들의 업무 태도, 성과와 배분 등등 모든 면에서 극명한 차이를 드러낸다. 매출과 수익, 주가 등등의 차이도 물론이지만 더욱 중요한 조직문화, 업무 방식, 직원들의 열정 등 역시도 기업에 따라 완전히 달라진다.

그런데 회사라는 세계 속 임직원들은 그 차이를 잘 알지 못한다. 우물 안 개구리인 것이다. 같은 유형의 일을 하는데 어떤 회사는 7단계에 일주일이 소요되는 반면 어떤 회사는 3단계에 이틀이 소요된다. 동종 업계인데 어떤 회사는 대졸 사원 초임이 5,000만 원에 육박하는 반면 어떤 회사는 과장 초임이 4,000만 원을 밑돈다. 가족들이 누리는 경제적 형편도 그에 따라갈 수밖에 없다. 하지만 대부분의 사람이 밖을 바라보지 않는다. 비교하고픈 마음이 없으니 남이 어떠한지 알지 못하고 남이 어떠한지 알지 못하니 남보다 발전이 없다.

작고 형편없는 회사를 크고 잘나가는 회사로 만들겠다는 마음이, 오너부터 말단 직원까지의 하나 된 각오와 노력이 중요하다. 가장 중요한 것은 오너의 역량과 사고방식, 가치관이다.

대체로 중소기업이 중견기업으로 성장, 발전하려면 어느 한 세대의 희생이 필요하다. 박봉에 야근을 밥 먹듯 하고 주말에도 출근해서 무섭게 일만 했던 1970~1980년대의 선배들처럼 말이다. 운이 좋아 능률적인 업무의 필요성을 역설하고 방법을 제시하는 리더가 있다면 그나마 다행이다. 그게 아니라면 우물 안 개구리로 살다가 가는 방법밖에 없다. 오너나 경영층의 무능함으로 직원들을 우물에 빠뜨려 놓고 무식하게 일만 시키는 기업이 너무도 많다. 현장을 찾아가 살펴보면 측은한 생각에 마음이 편치 않다. 그래서 대부분의 임직원이 늘 무능한 오너나 무위도식하는 경영층과 갈등을 빚어 왔는지도 모르겠다.

중소기업이 일단 중견기업으로 올라가면 이후에는 탄력을 받아 저절로 굴러가게 된다. 그렇게 대기업이 되는 것이다. 물론 각 단계에 맞는 노력을 한다는 전제가 필요하다.

대기업부터 중견기업까지 짧지 않은 33년 동안 네 곳의 제조업체에서 근무했다. 스스로 원하고 선택했건 아니면 환경과 주위 사람 등의 영향으로 어쩔 수 없이 선택해야 했건, 이쯤에서 지난 흔적을 돌아다본다. 많은 성과와 보람이, 잘했던 일과 당시의 모습이 떠오른다. 더불어 많은 실수와 후회의 아쉬움이 밀려들며 말할 수 없이 나 자신을 괴롭힌다. 이러한 기억들이 앞으로도 한동안 하나씩 둘씩 나타나서 내게 위안과 반성을 줄 것이다. 그리고 시간이 지나면서 점점 희미해져 갈 것이다.

50대 후반을 넘어 60대가 되면서 친구들이 궁금해지고, 시간적 여유가 생기면서 각종 동기 모임과 등산, 당구, 축구 등 동호회 만남이 늘어난다. 시간이 지날수록 참석자 수가 많아지고 있다. 경제활동에서 물러난 친구들이 그만큼 늘어났기 때문일 것이다. 제2의 인생을 시작하게 된 것이다. 기업체 오너거나 웬만한 개인 기업을 운영하는 사람이 아니라면, 거의 이러한 모임에서 다들 해우하곤 한다.

다시 20대나 30대로 돌아간다면, 그때는 얼마나 다른 모습으로 이 자리에 있을까 생각해 본다. 그때그때 선택과 결정을 다르게 했다면 어땠을까. 다른 식으로 노력했더라면 어땠을까. 주위에 물어보고 도움을 청했다면 어떠했을까.

30여 년의 직장 생활을 마치고 남은 자리를 돌아본다. 장성해서 분가한 자식들, 아파트와 연금, 아직은 쓸 만한 건강과 친구 등등. 대체로 대동소이할 것이다. 그런데 지난 직장 생활로부터 무엇이 남아야 보람된 과거였다고 할 수 있을지 갑자기 궁금해진다. 당시의 노력과 헌신은 이미 묻혀 버려 그 흔적을 찾기가 쉽지 않다.

내 시간들은 어디에 묻혀 있는 것일까?

오너가 아닌 소위 봉급쟁이로서 어떻게 직장 생활을 해야 삶 대부분을 차지하는 그 긴 시간이 아깝지 않을까?

어떻게 처신해야 그 시간들을 인생의 보람으로 남길 수 있을까?

정답은 없다. 한편으로, 오랜 기간 직장 생활을 하면서 얻은 경험과 사례와 교훈 들이 책 한 권으로 묶여 아주 적은 사람들에게라도 도움이 된다면, 내 스스로 작지만 흐뭇한 자부심을 가질 수 있으리라 믿는다.

직장 생활. 진정으로 열심히 임해야 한다. 하지만 너무 열심히, 과할 정도로 열심히 하지는 않아야 한다. 그 에너지를 늘 일정 부

분 나누어서 나 자신, 가족, 친지, 이웃에게 열심히 봉사하고 함께
해야 한다.

현명하게.

무엇보다도 나 자신을 위해.

2023년 6월

민경섭